だいじをギュッと!
ケアマネ
実践力シリーズ

コミュニケーション技術
聴く力と伝える力を磨くコツ

眞辺一範

中央法規

はじめに

　この本は、私が対人援助職や管理者として務めた30数年の歳月の中で、何度も失敗しながらも、どうすればうまくいき成果が出るかを理論と実践を結びつけて体験的に会得した内容をまとめたものです。この本を読まれる方の実践に少しでもお役に立てれば嬉しく思います。

不思議な現象

　大学時代に社会福祉コースを専攻した私は、主にケースワークやカウンセリングにおける面接技法を学びました。実を言うと当時の授業を受ける私の態度は決して褒められたものではなく、恥ずかしながら「いい加減」な学生の一人でした。

　社会人になり医療機関で援助職に就いてからは、大学の恩師から定期的にグループスーパービジョンを受ける機会に恵まれトレーニングを重ねることができました。きっと出来の悪い卒業生を放っておけなかったのだと思います。そのおかげで、対クライアントの面接では、学んだ知識や技術がそれなりに役立ち、確かな手応えを感じることが多くなりました。このプチ成功体験は、コミュニケーション力に対する自信を私にもたらしてくれました。

　その一方で、私たちのグループスーパービジョンのメンバーではなかったのですが、優秀な同級生や後輩たちの中で、卒後3年以内に心身のバランスを崩して燃え尽き症候群になり、援助職の継続が困難になってしまう人が出てきました。成績優秀でとても真面目な仲間のほうが現場でうまくいかなくなる現象を目の当たりにし、とても不思議に思えました。

いい加減がちょうどいい

　いい加減な学生が生き残り、優等生が脱落するという一見おかしな逆転現象の原因を恩師は数年かけて研究の対象としました。その後、論文にまとめたその注目すべき結論は、「いい加減がちょうどいい」というものでした。

　車のハンドルに遊びがあることで安全運転ができるように、仕事も遊びがあってうまくいくというのです。生真面目な性格の援助者は、教科書通りに展開しない事例に直面すると、戸惑いが大きく状況に適応できない傾向が強くなります。むしろ、いい加減で大らかなほうが、理不尽な現実をありのまま受け入れられるゆとりから援助展開の舵を切れるといいます。

　師曰く「いい加減は、良い加減。程好く整えられたバランスの良い状態。眞辺さん、あなたはいい加減な学生の代表格。これは最大の褒め言葉ですよ」。その時の私は狐につままれたような気持ちになり、心から喜んでいいのか正直複雑な思いでした。

挫折の連続

　数年が経ち、私も専門職を部下に持つ管理職になりました。しかし、多職種混合型のチームで業務にあたるようになってからは、チーム連携において何か歯車が合わないようになってしまいました。自分が援助場面で培ってきたコミュニケーション力を以てしても思うような成果があがりません。異動を望む人や離職する人が続出し、同僚や部下との関係性は悪化の一途を辿りました。まさに自信喪失です。これまで培ってきた自信は、

INTRODUCTION

砂の上の城のように脆くも崩れていきました。何がこんな状況を招いてしまったのでしょうか。

　私なりに考えた原因の一つは、私のコミュニケーション技術の未熟さです。専門的技術だけではなく、適切な人間関係を築くための基本的な対話そのものに問題があるという仮説を立てました。

出会いが持つ可能性

　そこで私は、コミュニケーションに関するさまざまな書籍を読み漁りました。また、お金をかけて民間のコミュニケーションセミナーにも継続的に参加するようにしました。その中で、聴く力や伝える力が厳しいフィードバックを通して鍛えられました。大学院での教育も価値ある機会になりました。その後、株式会社コーチ・エィが提供するコーチ・トレーニング・プログラム（現コーチ・エィ アカデミア）で、コーチングにおける資格を取得し、プロコーチにもなりました。いい加減な私でも努力を重ねることで一定の成功体験ができたように思います。

　現在の私があるのは、関西学院大学や同大学院で、私を直接指導してくださった故荒川義子教授や故浅野仁教授をはじめとした師と仰ぐ先生方や、諸先輩方との出会いがあったからです。また、コミュニケーションの基本や魅力を教えてくださった株式会社コーチ・エィの伊藤守さんや、優秀なトレーナーの皆さん方、共に学び合い切磋琢磨した仲間たちの影響も計り知れません。

　それから、私のことを師と仰ぐ眞辺塾塾生をはじめとしたスーパーバイ

ジーの皆さんの存在は私自身の成長に欠かせないものでした。一人ひとりのコミュニケーションの積み重ねを通して、私は必要な資質やスキルを伸ばすことができました。まだまだ未熟で至らない点も少なくない私に実践的なコミュニケーションの機会を継続的に与えてくれたことはただただ感謝に堪えません。素晴らしい同志たちです。

　そして、この本の完成のために、忍耐強く私を指導していただいた中央法規出版株式会社の中村強さんや、多くの実践事例やコラムを惜しみなく提供してくれた株式会社ふくなかまジャパン取締役で現役ケアマネジャーの山田友紀さんには最大限の感謝を伝えたいと思います。この本は単著本にはなっていますが、この3人の精魂を込めた作品です。かつての砂の上の城ではなく、硬い岩盤の上に立つ堅牢な城のように、繰り返し行動変容される皆さんにとって、確かな基盤となりうる書籍が完成しました。私たちのだいじがギュッと詰まった一冊です。

京都山科にて
2018.7　眞辺一範

CONTENTS

はじめに ··· i

第1章
ケアマネジャーに必要なコミュニケーション力

01 コミュニケーションの魅力 ··· 002
02 専門職と一般人の対話の違い ··· 004
03 意思の疎通と日常会話 ·· 006
04 コミュニケーションの基本のキ―会話のキャッチボール― ··········· 008
05 聴く力と伝える力 ·· 012
06 利用者や家族とのコミュニケーション ·· 014
07 多職種とのコミュニケーション❶介護職 ··· 016
08 多職種とのコミュニケーション❷医療・看護職 ································· 018
09 職場内でのコミュニケーション ··· 020

第2章
押さえておきたいコミュニケーションのポイント

01 絶対にうまくいく方法はない ··· 024
02 自分のコミュニケーションに100%責任を持つ ·································· 030
03 言語的・非言語的コミュニケーション ·· 032
04 伝わったことが伝えたこと ··· 034
05 事実は一つ、解釈は人の数 ··· 036
06 体験が伝わる ··· 038
07 自分の感情とうまく付き合う ··· 042
08 常に相手の立場で感じ、考え、理解する ·· 044
09 他人の幸福を喜ぶ ·· 046
10 思い込みの枠を知る ·· 048
11 今ある自分から始める ·· 052

第3章
コミュニケーション力を磨く

- 01 コミュニケーション力を測る …… 056
- 02 フィードバックを取りに行く …… 060
- 03 新しい体験をする …… 064
- 04 無意識の抵抗に対応する …… 066
- 05 習慣になるまで継続する …… 068
- 06 やらないことを決める …… 070
- 07 思いと言葉と行動を一致させる …… 074
- 08 自己基盤を強化する …… 076

第4章
利用者や家族との対話、多職種連携で活かす技術

- 01 やる気や行動を引き出すコミュニケーション …… 080
- 02 コーチングの活用―コーチングとは何か― …… 082
- 03 ティーチング・カウンセリング・コンサルティング …… 086
- 04 よく「聴く」ことで相手を自ら動かす …… 088
- 05 相手を成長させる「認める」力 …… 092
- 06 相手の行動を変える「質問」の仕方 …… 094
- 07 うまくいかない時の切り札はストレートな「要望」 …… 098
- 08 普段の会話にコーチングを取り入れる …… 102

第 5 章
チームで活かすコミュニケーション

- 01 コミュニケーションでチームを創る ……………………………… 108
- 02 メンバー同士のつながりを強める ……………………………… 112
- 03 「ビジョン」を共有する ……………………………………………… 114
- 04 活発な議論を生み出すミーティング …………………………… 118
- 05 チームに待ち受ける落とし穴 ……………………………………… 120
- 06 ケアマネジャーはチーム内の感情にも神経を遣う …………… 124
- 07 信頼関係を構築するコミュニケーション ……………………… 126

第 6 章
実践編 ―ケアマネジメントプロセスや援助実践の中での応用―

- 01 コミュニケーションのチャンスを自ら創り出す ……………… 130
- 02 インテークにおけるコミュニケーション ……………………… 134
- 03 アセスメントにおけるコミュニケーション …………………… 140
- 04 目標設定におけるコミュニケーション ………………………… 148
- 05 サービス担当者会議におけるコミュニケーション …………… 156
- 06 モニタリングにおけるコミュニケーション …………………… 164
- 07 高齢者の特徴とかかわり方 ………………………………………… 172
- 08 介護者・家族とのかかわり方 ……………………………………… 176
- 09 職場の上司・同僚・部下とのかかわり方 ……………………… 182
- 10 地域の多職種とのかかわり方 ……………………………………… 190
- 11 PDCAサイクルで内省の習慣を身につける …………………… 198

著者紹介

タスにゃん
人を助(タス)けることに喜びを感じ
ネコ一倍仕事(タスク)に燃えるケアマネ5年目のネコちゃん。
肩にかけているタスキは使命感の象徴。
ツナ缶(マグロ)とレタスが大好物。

ケアマネジャーに必要なコミュニケーション力

1

CONTENTS

- 01 コミュニケーションの魅力
- 02 専門職と一般人の対話の違い
- 03 意思の疎通と日常会話
- 04 コミュニケーションの基本のキ―会話のキャッチボール―
- 05 聴く力と伝える力
- 06 利用者や家族とのコミュニケーション
- 07 多職種とのコミュニケーション❶介護職
- 08 多職種とのコミュニケーション❷医療・看護職
- 09 職場内でのコミュニケーション

01 コミュニケーションの魅力

> **POINT**
> コミュニケーションの魅力に気づいている人は、
> ケアマネジメント実践において
> 利用者とのかかわりを大切にします。

今、問われるコミュニケーション力

　今、ケアマネジャーのコミュニケーション力が問われています。コミュニケーションに無頓着で無自覚なケアマネジャーが以前より増えてきたと一部で囁かれているからです。

　実際、利用者に言葉が伝わらないまま面接を進めている場面を時々見ます。また、不安を抱える利用者に対して安心や安堵感をもたらしていないコミュニケーションシーンを目の当たりにすることもあります。これでは、ケアマネジメントの援助実践が上手くいかなくても仕方ありません。ケアマネジャーのコミュニケーション力の欠如が利用者の不利益につながっている現状があるのです。

　では、そもそもコミュニケーション力とはなんでしょうか。それはどのような相手であっても、自分の言いたいことを理解してもらう力であり、どのような相手であっても、相手の言うことを理解する力のことです。そして、一方通行ではなく、双方向のやりとりを実現できるのが真のコミュニケーション力なのです。

コミュニケーションの魅力に目を向けよう

　双方向のやりとり＝コミュニケーションによる理解が進めば、情報を伝達するだけでなく、お互いの考えや気持ちを共有化することにもつながります。お互いの気持ちが共通理解できる関係は、普通の人間関係においても心地よい関係とな

図表1-1 コミュニケーションの魅力

❶相手を癒す
相手の中にある不安や苛立ちを安心や安堵感に変える働き

❷自己肯定感を高める
長所も欠点も含めて、あるがままの自分を許せる気持ちを高める

❸今ここでのかかわりを拓く
創造的なコミュニケーションには、関係性に新しい扉を開く可能性がある

❹人生を豊かにする
人とのつながりのある豊かな人生にしていくのもコミュニケーションの力と言える

りますが、ケアマネジメントにおいては、このようなコミュニケーションによって、利用者（相手）を癒し、自己肯定感を高めるきっかけにすることができます。そこには、コミュニケーションをする相手との「今ここでのかかわり」を拓く可能性が満ちているのです。

一人でも多くのケアマネジャーにコミュニケーションの魅力に目を向けていただき、その力を磨いて、利用者に資するケアマネジメント実践を進めていただきたいと願っています。

> ・コミュニケーション力とは、一方通行ではなく双方向でお互いの言い分を理解する・させる力です。
> ・考えや気持ちの共有化が相手の癒しや自己肯定感を高めるきっかけになります。

\まとめ/

02 専門職と一般人の対話の違い

POINT
プロの援助職が行うコミュニケーションは、一味も二味も違うものです。
まずは、その違いを理解しましょう。

プロは相手の立場に配慮する

　一般の人たちの何気ないコミュニケーションにも、情報交換や情報共有があり、お互いに意見を取り交わしているといった点は、何らプロの対人援助職と変わりありません。

　しかし、一見同じように見えるコミュニケーションですが、コミュニケーションを交わす一般の人たち同士の関係には、援助における契約関係はありません。つまり、援助する人・される人といった役割による心理的な緊張感や社会的な責任感が存在しないわけです。

　援助する側のケアマネジャーが、いくら自身の緊張感をほぐし、普段の対話を試みたとしても、援助される側の利用者はそういうわけにはいきません。緊張を見せないでコミュニケーションをしているようでも、実は不安や戸惑いが背景に隠されていると思ってかかわったほうが賢明です。ケアマネジャーは常に相手の立場に立って対話する配慮が期待されます。

プロのコミュニケーションには目的がある

　専門職と一般人のコミュニケーションのもう一つの違いは、その目的です。ケアマネジャーは相手との信頼関係を構築する必要があります。別の言い方では、ラポール形成と言います。

02 専門職と一般人の対話の違い

図表1-2 プロの援助職の対話のポイント

❶	意識して完了感のあるコミュニケーションが行える
❷	聴く力と伝える力を備えている
❸	質問で利用者・家族の主体性を引き出すことができる
❹	多職種や同僚に関心と感謝を示す
❺	必要な情報を共有できる
❻	お互いの専門性を理解し合える
❼	無条件で相手（利用者）を信頼する

　これは相互関係の中で育むものではありますが、まずはケアマネジャーが無条件で相手を信頼することが前提条件です。そして、対話の中で信頼を得るための言葉を意図的に重ねていきます。非常に繊細な観察眼をもってコミュニケーションをします。

　さらにもう一つの目的があります。それはアセスメントを行うということです。援助対象となる相手の個人特性や問題特性、さらには問題解決の資源等をアセスメントし把握しなければ、我々は援助ができません。相手が発信するさまざまな情報をつなぎ合わせて、問題の核心に迫ります。頭の中では大変な知的活動をしているわけですから、集中する度合いが一般のコミュニケーションとは比較にならないほど高いものなのです。

　このような目的を達成できる対人援助職のプロが意識している対話の特徴を図表1-2にまとめました。1つでも2つでも意識して取り組んでみてください。

- 対人援助職のプロであるならば、援助する側・される側の立場の違いからくる関係性に配慮しましょう。
- ケアマネジャーは、コミュニケーションを通して、信頼関係の構築とアセスメントを行います。

03 | 意思の疎通と日常会話

> **POINT**
> 「意思の疎通」も「日常会話」も、
> ケアマネジャーには馴染みのある言葉ですが、
> その違いを区別できますか?

「できる」か「できない」か

　日常生活動作の中での意思の疎通は「能力」としてのコミュニケーションです。能力の判定基準軸は「できる」か「できない」かです。厚生労働省の基準では、日常生活動作能力（ADL）の範疇（はんちゅう）に入ります。

　介護保険制度における認定調査には、認知機能の項目の中に「意思の伝達」がありますが、その手段を問わず、調査対象者が意思を伝達できるかを評価します。つまり、本人が自発的に伝達しなくても、問いかけに対して意思を伝えることができる場合は、その状況を評価することになっています。また、伝達する意思の内容の合理性は問わないとしています。重度の認知症があり、「痛い」「腹が減った」「何か食べたい」等、限定された内容のみ意思の伝達ができる場合は、まれな意思伝達と判断され、「ほとんど伝達できない」を選択することとしています。

　認知症高齢者の日常生活自立度の判断基準には、「意思疎通の困難さ」が対象となっています。例えばⅡは「意思疎通の困難さが多少見られる」、Ⅲは「意思疎通の困難さが見られる」、Ⅳは「意思疎通の困難さが頻繁に見られる」としています。

日常会話は「ある」か「ない」か

　一方、日常会話とは、日常の、なんでもない時に交わされる会話のことを指し

03 意思の疎通と日常会話

1 ケアマネジャーに必要なコミュニケーション力

ます。普段の生活におけるコミュニケーションの「行為」そのものであり、それを評価する基準は日常会話が「ある」か「ない」かです。これは対人交流の現況を把握できるもので、生活の質（QOL）に深くかかわってきます。

　利用者との面談中に「最近は夫婦の間に会話がない」という声を耳にすることがありますが、夫婦の会話がないと聴いて、能力的な問題でコミュニケーションができないとは判断しません。夫婦間の関係性に問題があると捉えるのが一般的です。ケアマネジャーはこの違いを区別しておくと、業務上での混乱を避けることができるでしょう。

> **まとめ**
> ・意思の疎通は能力としてのコミュニケーション、日常会話は行為としてのコミュニケーションです。
> ・会話の能力を意味するのか、会話の行為そのものを指しているのか、明確にその違いを区別することが肝心です。

04 コミュニケーションの基本のキ
―会話のキャッチボール―

POINT
コミュニケーションの基本のキは
完了感のあるかかわりです。

コミュニケーションはケアマネジャーのツール

　ケアマネジャーが単なる意思疎通にとどまらないコミュニケーション力を身につける必要があるのは、それが、ケアマネジャーをはじめとする対人援助職にとっての最大の仕事の道具（ツール）だからです。医師には聴診器、コックには包丁という具合に各専門職にはその仕事を遂行するためのツールがあります。それぞれが自分のツールを使いやすいように手入れをし、磨いておくなどのメンテナンスを行うのです。

　当然、ケアマネジャーも自分のツールを活用しやすいように日頃からメンテナンスをし、磨いておく必要があります。そしてそのための第1歩はコミュニケーションの基本に立ち返り、完了感のあるかかわりを常に意識することです。

完了感のあるかかわりを意識しよう！

　コミュニケーションは、例えるなら相手とのキャッチボールです。一つのボールのやり取りを相手と行います。まずは、ボールを投げる相手に声をかけます。「今からあなたにボールを投げてもよいですか?」と尋ねます。お互いに向き合った時に、相手が受け取りやすいボールを投げます。そして、相手から返ってくるボールをしっかり受け取ります。ボールが行って返ってきて、これでコミュニケーションは完了します。そこには達成感や共有感があります。

しかし、これとは反対にボールがとんでもないところに行ってしまったり、投げたボールが返ってこなかったり、キツいボールが返ってきたりすると達成感や共有感は生まれません。これらはすべて未完了なコミュニケーションです。

最初はそうであったとしても、こちらからのボールは相手が取りやすいように投げることを意識しましょう。そうすることで、多少なりとも完了感のあるかかわりへと変えていけるでしょう。

ここで大切なことは、なぜ、ボールがとんでもないところへ行ってしまうのか、なぜ、返ってこないのか、といったことをきちんと考えて分析することです。

その思考の積み重ねが、あなたのツールを磨いていくでしょう。

完了感のあるコミュニケーション

さっきから意見がかみ合わないですね。

同僚

そうですね。

あー、初めて私の意見に同意してくれましたね。

そうですね。

ところで、多問題の新規ケースはその後どうですか?

上手くいかなくて大変ですよ。

頑固な介護者の妻に手こずっているのですか?

介護者の妻にもです。

ケアマネジャー
妻だけではないんですね。

同僚
長男も、嫁いだ先の長女も、本人の実弟も、皆大変なんですよ。

何が大変なんですか？

遺産相続が絡んでいて、皆自分の都合だけで無茶な要望をしてくるんですよ。家族の間に入ってその調整に疲れ果ててしまいました。

そんなことを考えていたんですね。

そのようなことを考えていました。

早く伝えてほしかったです。

忙しそうにしているあなたには何となく言いづらかったんです。

そうだったんですか。

はい。そうだったんです。

- コミュニケーションはケアマネジャーの仕事のツールです。
- 完了感のあるコミュニケーションを普段から意識して行いましょう。

まとめ

04 コミュニケーションの基本のキ

COLUMN 1 あなたはあなたのままでいい

ケアマネジャーに必要なコミュニケーション力

　上司や同僚、部下、他の事業所の人たちとうまくいかなくなった時に、『もう他人と真剣なコミュニケーションをするのはやめよう』と思ったことがあります。コミュニケーションで心を通わすことを止めた時、なぜか私は『もうこの仕事をやめよう』という気持ちにもなりました。私は自分のしたいことをしているはずなのに、どうしてそんな惨めな気持ちになったのでしょうか？

　途方にくれていた私に、『コーチングという研修に行ってみない？』とその時の上司が声をかけてくれました。これが私とコーチングとの出逢いのきっかけになりました。

　私は迷うことなく研修に参加しました。その研修の中で、私が感動して泣きたくなった講師の言葉があります。それは、「あなたはそのままでいい。コミュニケーションを変えるだけでいいよ。これがうまくいくやり方です」という一言でした。

　私自身は変わることなくそのままで、コミュニケーションだけを変えることに問題解決のヒントを見出しました。自分自身のコミュニケーションの現状を知り、成果の出るやり方を学び、意図的にそれに変えることで、関係性が改善する、自分も相手もお互いに伝えたいことを伝えることができるとわかりました。

　コミュニケーションにはさまざまな形態がありますが、コーチングもコミュニケーションの中の一つのスキルです。これを身につけコミュニケーション実践の幅が広がったことで、人とかかわる機会が増え、物怖じすることが劇的に減りました。

　コーチングに出逢うチャンスをくれた当時の上司に感謝の思いでいっぱいです。実は、その時の研修講師は、現在の私の師匠（スーパーバイザー）となり、コミュニケーションに関する教えを今も継続して直接的に学んでいます。

（山田友紀）

05 聴く力と伝える力

> **POINT**
> 「傾聴」とは、具体的にはどのようにすれば「傾聴」したことになるのでしょうか?

言葉に込められた情緒的な情報を受信する

　相手の話は集中して聴くことが大切です。しかし、聴くという行為は、聴覚だけを使って行うのではなく、実際には視覚から入ってくる情報にも大きな影響力があります。つまり、実際に会って行うコミュニケーションでは、視覚情報に頼り過ぎてしまい、聴覚情報を疎かにしてしまうということが起こりがちなのです。これでは、せっかく、集中して聴いても、視覚（見た目など）による思い込みの枠から出てこられずに、本当に大切なメッセージを聴き逃してしまうこともあるでしょう。これでは、傾聴とは言えません。

　では、そうならないためにどうすればよいでしょうか。それは、言葉に込められた情緒的なメッセージもしっかり受信することです。人が発するすべての言葉には感情や気持ちが乗っています。その感情や気持ちも含めて汲み取るのが傾聴の本質と言ってよいでしょう。

　例えば、普段元気良く挨拶する人が、力の弱い疲れた声で、いつものように「おはよう。元気ですよ」と挨拶してきたら、心配になりますよね。これは極端な例ですが、プロの対人援助職は、聴く力が非常に高く、まるで千手観音のように思い切り両手を広げて一つのメッセージも逃すまいと待ち受けるものです。見た目や言葉に秘められた感情や気持ち、言い方、話す内容のすべてを通して内容を吟味し、隠されたメッセージすらも読み解くのが、ケアマネジャーの傾聴力なのです。

05 聴く力と伝える力

1 ケアマネジャーに必要なコミュニケーション力

伝えることも大切

　受け取った情緒的なメッセージは、「このようなお気持ちなんですね」と相手に復唱や言い換えをして伝え、その返事を得ることで、勘違いや思い込みを防ぐことができます。伝える力にはさまざまな応用編がありますが、傾聴と対になるのは、受け取ったメッセージはこうですよ、という確認をすることなのです。

　これらの伝える力や傾聴はコミュニケーション技術の柱です。

　聴く力と伝える力を磨くための具体的な手法や提案について第3章で解説していますので参照してください。

> - 聴く力で求められるのは、情緒的なメッセージを受け止める力です。
> - 受け取ったメッセージの内容を相手に伝え、確かめることで、完了感のあるコミュニケーションを目指しましょう。

まとめ

06 利用者や家族とのコミュニケーション

> **POINT**
> 利用者や家族とのコミュニケーションは、
> 相手の主体性を引き出すビッグチャンスです。

意思を尊重する

　利用者や家族との面談では、相手の意思を尊重することがコミュニケーションの基本ですが、自立支援の視点が弱いケアマネジャーの場合、利用者の生活課題を見つけたら、解決を急いで、一方的な視点で「これが一番」と判断したサービスに結びつけようとします。そして、利用者等がどうしたいのかその意思をさしおいてでも事を進めがちです。

　これでは、利用者のエンパワメントや自立は引き出せません。ケアマネジャーの職業倫理や価値観から言っても、決して望ましい姿とは言えないでしょう。

　利用者や家族とのコミュニケーションで意識したいのは、聴き上手になり、相手から話を引き出すことです。ケアマネジャーが意思を言える利用者の代弁者になってはいけません。利用者本人に問いかけて自ら語ってもらうことが大切です。

聴き上手、引き出し上手

　意思を引き出すためには、十分な時間をかけて傾聴し、適切なタイミングで承認を行うことです。承認とは、肯定的な事実を言語化して伝えることです。例えば、「頑張ってくださいね」という言葉をよく使うケアマネジャーがいます。それは利用者や家族に「まだまだ不十分ですよ」といったニュアンスで受け取られてしまう恐れがあります。しかし、「頑張っていますね」という声かけは承認です。

06 利用者や家族とのコミュニケーション

図表1-3 利用者・家族とのコミュニケーションでの留意点

❶	利用者と家族間における調整は両方の意見を公平に引き出す
❷	利用者の弱みやできないことではなく強みから話題にする
❸	意思疎通が困難な利用者には表情やジェスチャー等の非言語コミュニケーションを活用する
❹	苦手な利用者や家族には、自分を成長させてくれる人としてかかわる
❺	クレームの多い利用者や家族は、傷ついた心を癒してくれるのを待っていると捉える
❻	言葉の使い方、特に敬語の使い方は基本的なルールに従って正確に使う
❼	常に自立する力が引き出せるようにコミュニケーションを支援に活かす

利用者や家族は十分に認められているという気持ちになるからです。

承認のタイミングは、相手が目標を達成した時や、変化や成長をしたその瞬間です。誰よりも先に発見し、その事実を細かく具体的に心を込めて伝えましょう。

利用者の主体性を支援し、望む暮らしを実現するのがケアマネジャーの仕事です。コミュニケーションを駆使して、利用者や家族の主体性を引き出していきましょう。主体性とは、高い当事者意識のことで、自分で考え、自分で選び、自分で決定し、自分で行動し、自分で成果を出し、自分で責任を持つ態度です。

主体性を引き出すコツは、利用者や家族に「周りに遠慮せず主体性を出してもいいですよ」「失敗していいですよ、私たちには失敗する権利もありますから」と伝え続けることです。周りに迷惑をかけるばかりで、自分で考え決める資格がない、もう失敗は許されないと尻込む人がいます。そのような意識に対抗するきっかけさえあれば、主体的に行動を起こす可能性は高くなるのです。

その他、利用者・家族とのコミュニケーションでの留意点について図表1-3にまとめています。

> **まとめ**
> ・利用者や家族との面談では、相手の意思を尊重し、主体性を引き出しましょう。
> ・利用者や家族に対するコミュニケーションの原則は、聴き上手になり、相手から話を引き出すことです。

07 | 多職種とのコミュニケーション❶
介護職

> **POINT**
> 介護職との連携は
> 関心と感謝を示し続けることが基本。
> 常に利用者の情報を共有できる環境を
> 整えましょう。

5W1Hの問いかけで客観的事実を共有しよう

　ケアマネジャーからすれば、介護職とは直接的なかかわりというより、短期目標を介した間接的な関係性の中での連携が強い存在になります。ケアプランの目標の中でも、特に短期目標が数値化された具体的な内容で記載されていれば、数字がそのままメッセージとなって介護職に伝わります。これが抽象的な表現であればあるほど、メッセージ性は薄れ、関係性も希薄になっていくと思われます。

　サービス担当者会議では、当該サービスの代表である介護職が参加した場合、生活シーンを実際に見ており、貴重な情報や意見を持っていることもあるので、発言に注目する必要があります。その際、主観的な事実で表現されることもあるので、5W1H（誰が、いつ、どこで、何を、なぜ、どのようにしたのか）の開いた質問を投げかけることで客観的事実を明白にし、共有しましょう。

情報共有と感謝の意識が大切

　チームケアが基本の介護職ですが、仕事は一人で任されることが多く、孤立しやすい労働環境だったりします。そこで事例の全体像を俯瞰して見ることができる私たちとしては、介護職とコミュニケーションを取る機会に、事例を中心としたサービス全般の動きを時系列の流れとともに伝えてあげると喜んでもらえるの

図表1-4 介護職とのコミュニケーション

ではないでしょうか。少なくとも、人は関心をもって接してくれる相手には、悪い気はしませんので、コミュニケーションを円滑にする効果が期待できます。

さらに、日々の仕事に対する介護職の貢献について、素直に感謝を伝えましょう（図表1-4）。例えば、「あなたから声をかけられると自然と元気が湧いてきますね、ありがとう」「いつも必要な情報をタイミング良く連絡していただき本当に助かっていますよ」「あなたが担当になってから、利用者さんはとても明るくなりました。支援困難な状況だったので心から感謝しています」などです。

こんな風に言われれば、誰だって嬉しいですし、笑顔になりますよね。このように関心を示し、感謝を伝え続けることで、関係性が深まっていくと、いざという時の連携がスムーズに回り、結果として利用者への対応力がアップします。

> - 情報共有の基本は5W1Hで客観的事実を把握します。
> - 介護職の貢献を認め、感謝を伝えることが大切です。

まとめ

08 多職種とのコミュニケーション❷
医療・看護職

> **POINT**
> 医療・看護職との連携では互いの専門性の違いを認め、理解し合うことが必要です。

専門性の違いについて

　医療・看護職との連携の際に、最初に確認しておくことは医療と介護の専門性の違いです。医療は疾病にアプローチし「治療する」ことがその専門性です。看護は疾病にアプローチし「看護する」(安全、安心を守る)ことです。一方、介護は状態にアプローチして「改善する」ことがその専門性です。

　例えば、認知症というのは状態です。主にBPSDが見られる状態です。疾病がどうであれBPSDの改善にチャレンジします。一方、認知症という状態になってしまう原因疾病が、アルツハイマー型認知症やレビー小体型認知症等です。医療は疾病治療が目的で、その回復のプロセスの中でBPSDが落ち着いてくるという成果が表れます。

　ちなみに看護は病人でないと入浴ケアはしませんが、介護は病人であろうとなかろうとニーズが確認できれば入浴ケアをします。

お互いの専門性の理解、共有化を目指そう

　医療と介護の連携においてゴールを共有するためには、お互いの専門性の違いを理解し合うコミュニケーションが必要です。ケアマネジャーは介護の専門性を根気よく伝え続けることです。医療職に物怖じすることなく、一つのテーブルの上で対等に話し合いをしているイメージを持ちましょう。介護は医療の手が及ば

08 多職種とのコミュニケーション❷医療・看護職

1 ケアマネジャーに必要なコミュニケーション力

ない生活場面での援助を展開します。お互いに協力し合うことで、利用者の自立支援や状態改善が早く進みます。

　また、私たちにとって医療や看護の専門性を尊重し、理解する姿勢も大事です。そのために医療・看護職が使う専門用語を理解し、覚える努力をしましょう。そして、医療用語等でわからないことがあれば、すぐに調べたり、調べてもわからなければ担当医に聴いてみるといった習慣を身につけましょう。きっと喜んで協力してくれるでしょう。

- 医療と介護との専門性の違いは疾病治療と状態改善です。
- 医療と介護は対等な関係の中でコミュニケーションを取ります。
- コミュニケーションのために医学知識の学習も大切です。

まとめ

09 | 職場内での コミュニケーション

> **POINT**
> 職場内の雰囲気を良くする
> コミュニケーションの強化法を学びましょう。

まずは礼儀正しい挨拶をしよう

　職場内でのコミュニケーションでよく言われることは、「報告・連絡・相談（ホウ・レン・ソウ）」の徹底です。曖昧な表現は避け、事前に要点をまとめて簡潔なホウ・レン・ソウを行うことが求められます（第6章**09**参照）。これもかなり重要なタスクではありますが、働きやすい環境を整えるための第一歩は、なんと言っても礼儀正しい挨拶です。
　「おはようございます」「お疲れさまです」「お世話になっております」「どうぞ、お気をつけて」「お先に失礼します」等、誰に対しても、笑顔でさわやかな挨拶を心がけましょう。万が一、相手から挨拶が返ってこなくても、いちいち負の感情に影響されることなく、自分からの挨拶を継続して続けましょう。そのうちに心が打ち解ける時が来ます。

「ありがとう」が溢れるコミュニケーション

　職場内ではチームで仕事を効率良く回すために、ついつい他の職員に対して命令口調になってしまうことがあります。「お願いしていたコピーを早く持ってきてください」「約束の時間が迫ってきているので、早く行きなさい」等は悪気がなくても、相手の職員には冷たいコミュニケーションと受け取られ、いつの間にかギスギスとした関係に陥ってしまうかもしれません。

図表1-5 雰囲気の良い職場コミュニケーションのチェックポイント

❶	きちんとした挨拶が交わされているか
❷	命令形ではなく、提案型のやりとりがされているか
❸	ホウ・レン・ソウは徹底されているか
❹	「ありがとう」などの感謝の言葉が自然と出ているか
❺	うわさ話や陰口が横行していないか（利用者に対するものも含む）
❻	会議の場などでは全員が発言できる風通しの良い環境か
❼	職場の合意形成はきちんと図られているか

　こうした場合、命令形（指示型）ではなく、提案型のコミュニケーションを採用することをお勧めします。「お願いしていたコピーを持ってきていただけませんか?」「約束の時間が迫っているので、早く行かれたらいかがですか?」等の伝え方に変えるのです。

　このような提案型のやりとりを実践すれば、お互いに感謝の気持ちや言葉が自然に湧いてきます。「コピーを持ってきてくれてありがとう、助かりました」「約束の時間に間に合って良かったです、声かけしてくださりありがとうございました」等の「ありがとう」の言葉が溢れる職場になるでしょう。

　まず、職場内では、礼儀正しい挨拶と「ありがとう」の実践を心がけたいものです。図表1-5のチェックポイントは自分だけでなく周囲も含めてできているか確認してみましょう。

・働きやすい環境を整えるための第一歩は、礼儀正しい挨拶です。
・命令口調ではなく、提案型のコミュニケーションが職場環境の活性化につながります。
・ありがとうの言葉が溢れる職場を目指しましょう。

朝の挨拶　　　　　　　　　　　　　　　COLUMN

　職場に出勤するとほぼ毎朝玄関で出会う人がいました。それは掃除のおばさんです。私から相手を見て元気良く挨拶をしていましたが、返事が返ってくることはありませんでした。こちらの声が聴こえていないのかと思い、同僚に確認すると聴覚障害でも耳が遠いわけでもありませんでした。たまたま不機嫌だったのかもしれないと思い、気を取り直して挨拶を続けましたが、それでも一向に返事はありませんでした。

　もしかしたら極度の人間不信か、心に障害があるのかもしれないと思い直し、私は返事の返ってこない挨拶を毎日続けていました。

　この様子を見ていた私の周りの先輩や同僚たちから「そんな無駄なことをしてどうするの?」「もう放っておけばいいのに」等の批判的な言葉をずいぶん投げかけられました。

　しかし、1か月も続けていると周りの雑音もすっかり消えてしまいました。返事がなくても、私が挨拶をしたかったからです。実は私も頑固で変人なのかもしれません。

　1年経ったある日、季節の変わり目で雲ひとつない快晴の日でした。いつものように掃除のおばさんに「おはようございます!」と挨拶をして横を通り過ぎようとしました。するとかすかな声で「お、は、よー、ご、ざ、い、ます……」と言う声が聴こえました。

　私は一瞬耳を疑いましたが、振り向くとうつむきながら私のほうに身体を向けて会釈するおばさんがいました。たとたどしいその小さな声は、私には天使の声に聴こえました。再び私は元気一杯に「おはようございま〜す!」と伝え、満面の笑みで深々と一礼しました。嬉しかったからです。あれほど感動した挨拶はありません。おばさんにどんな心境の変化があったのかはわかりませんが、私の思いが伝わったと思える瞬間でした。

　普段のコミュニケーションにも感動が満ち溢れています。たかがコミュニケーション、されどコミュニケーションです。

押さえておきたい
コミュニケーション
のポイント

2

CONTENTS

01 絶対にうまくいく方法はない
02 自分のコミュニケーションに100%責任を持つ
03 言語的・非言語的コミュニケーション
04 伝わったことが伝えたこと
05 事実は一つ、解釈は人の数
06 体験が伝わる
07 自分の感情とうまく付き合う
08 常に相手の立場で感じ、考え、理解する
09 他人の幸福を喜ぶ
10 思い込みの枠を知る
11 今ある自分から始める

01 絶対にうまくいく方法はない

POINT
絶対にうまくいくコミュニケーション手法は存在しません。
テーラーメイドな対応が鍵です。

相手に合わせて対応を変化させる

「コミュニケーションの基本」は存在しますが、それは、いつでも誰にでも通用する万能なコミュニケーションではありません。人は十人十色、みなそれぞれに違うからです。

基本を押さえつつも、TPO（時と場所、場合のこと）に応じた方法・態度・服装等の使い分けや相手の特性に合わせてコミュニケーションを変えることが大事です。相手に合わせて対応を変えることを個別化と言います。

100人いたら100通りの物事の受け取り方があるので、相手の特性に合わせたテーラーメイド対応が必要とされます。テーラーメイドな対応とは、自分にとって心地良い方法やペースを優先するのではなく、相手のコミュニケーションスタイルに合わせてアプローチすることです。コミュニケーションがうまくいかない場合は、個別化を心がけることでかかわりの可能性を広げることができます。

タイプ別アプローチ

しかし、いざ個別化を実践しようとしてもそう簡単にはいきません。初対面の人もいれば、初めから相性の良くない人もいるからです。そして、相手がどのようなスタイルを求めているかもすぐにはわからないからです。

そこで、株式会社コーチ・エィが開発した「タイプ分け™」注というテストを活

図表2-1 コミュニケーションスタイルの4つのタイプ

用することをお勧めします。これは、臨床心理学等をベースに、人のコミュニケーションスタイルをいくつかのタイプに分類し、自分がどのタイプに当てはまるかをチェックするテストです。

これを活用して、自分のタイプを踏まえた上で、相手のタイプとどうコミュニケーションを取っていくべきかシミュレーションすることもできるでしょう。本項で紹介する4つのタイプを図表2-1に示します。

各タイプのベースには共通した強い欲求があります。誰であってもこの原則は変わりません。コントローラーは「判断したい」、プロモーターは「影響を与えたい」、アナライザーは「正確でありたい」、サポーターは「合意を取りたい」です。この欲求を満たすようなコミュニケーションを取れれば、かかわりの可能性を広げることが期待できます。個別化の入り口として、タイプ別アプローチを取り入

注 「タイプ分け™」は株式会社コーチ・エィの登録商標です。

れてみましょう。

なお、自分や相手がどのタイプなのかを仕分けするのは、インターネット等に譲り、ここでは各タイプの特徴と対応例について以下に解説します。

コントローラー

常に自分が判断する立場にいたいと望み、自分をコントロールする人に意識的、無意識的にかかわらず反発します。またスピードを重視する戦略家であるため、くどくどと話をされることを嫌います。「人間関係より仕事」「プロセスより結果」を優先し、人の話を聞かずに、結論を急ぐ傾向も特徴的です。

個別対応例

- 「前置きは短く」が原則です。「結果から言うと、利用者は市民病院に搬送され入院しました」などと、まずは結論から話しましょう。スピーディーな展開を好みます。
- 遠回しな言い方もNGです。「先生、さっきから私の話に上の空ですね。ちゃんと聴いてください」等のストレートな要件や要望を伝えましょう。
- 質問より、理由を述べて教えを請うほうが好まれます。「それは重要な情報ですね。もっと詳しく聴かせてもらえるとありがたいのですが、いかがですか」
- 「はい」か「いいえ」かの選択も好ましくありません。可能なら3つ以上の選択肢を用意し、どの選択がベターか教えを請いましょう。
- 「隣の事業所は急成長していて地域での評判もかなり良いみたいですよ」等の情報提供で、競争心を刺激されると意欲が高まり行動が早くなります。
- 「あなたは決断力がありますね」等の相手自身に対する主観的な誉め言葉よりも、「あなたが担当になってから利用者の明るい笑顔が増えましたね」等の相手の周りにいる人や環境を讃える客観的な発言のほうがより効果的です。

プロモーター

他者に影響することを大切にしています。自分の影響力を周りの人からの反応で判断しているため、承認を代表とする、こまめな働きかけがないと、一気にやる気を失います。また、オリジナルなア

イデアを大切にするため、自分のアイデアを否定されることを嫌います。常に行動的でありたいので、自由度が低かったり、詳細さを求められると本領を発揮しません。

個別対応例

- 理屈の通った話を期待してはいけません。たとえ話があちこちに飛んでも、「ほう、なるほど」「それで？ それで？」「もっと聴かせてよ」等の反応で、できるだけ自由にどんどん話をさせましょう。
- 大げさなお世辞や誉め言葉は、基本的に何でも歓迎してくれます。「女優みたいなセンスの良いコートですね」「すごいです!」「さすが!」とオーバーリアクションを示すととても喜んでくれます。
- 「みんなケアマネジャーの〇〇さんを見習いましょう」と多くの人の前で褒められると、スポットライトを浴びているようで俄然テンションが上がります。
- 魅力的な夢やビジョンの話には反応が早く、未来を想像し意欲もアップします。
- こちらからの信頼を伝えて、細かいことは一切言わずに、ざっくりとお願いすることです。「あなたしかお願いできる人がいません」「君なら必ずできる」「経験豊富なあなたを見込んでお願いしたいのです」といった言葉かけが有効です。
- 意表をつくおもしろい趣向やハプニングを求めています。誕生日や記念日などにサプライズがあると非常に感激し喜んでくれます。

アナライザー

自分の行っていることが「正しい」と実感できる時、彼らの行動は促進されます。また、彼らは情報収集や分析を強みとしているため、物事に取り組む時は、そうした事前準備をする時間を設けることを重要視します。そのステップを抜かして急かしても、彼らは動きません。正しさを重視するため、失敗や間違いを嫌います。そのため漠然とした指示を嫌います。

個別対応例

- 「一般的にはね」「常識的に言えば」等のフレーズで客観的論理的な話し方をし

ます。一方、「楽しい」「さみしい」等の主観的で感情的な表現は大の苦手です。
- コミュニケーションの冒頭に「今回の予定」を話しておくと落ち着いて対話ができます。「今日はまず介護保険制度の説明をさせていただいて、次に利用可能なサービスのメリットとデメリットを簡潔にお伝えします」
- 時間をとって急かさずじっくり聴かれることを好みます。「今短時間で聴かせてもらうより、明日の午前中に時間を空けるので、あなたの考えをじっくり聴かせてくれますか」
- 「今出たアイデアに対してあなたの意見は?」と、いきなり主観を求められるのを嫌います。事前に告知し、時間をおいてから意見を述べてもらうよう配慮しましょう。
- 質問する時は、範囲を狭めた具体的な事実を尋ねましょう。「給付管理数について対前年度同月比の推移を教えてくれますか」。その際に返答を急かさないことです。
- 専門性を具体的に指摘して承認しましょう。「先ほどのインテーク面接では、意図的に傾聴と感情の反射を活用していましたね。対話のスキルが確実に上達していますね」
- 勢いやノリだけで行動はしません。正当な根拠と予測されるリスクを明らかにした上で、手順を示して、明確にゆっくりと依頼しましょう。「今回の新規相談は、事業所を転々としている支援困難事例だけれど、わが社の倫理規定や行動規範からいって受け入れる根拠と価値はあります。来週までに、担当してもらえるか考えてください」

サポーター

人の期待に応えようと行動し、対立を避ける傾向があります。そのため、サポーターはつい「いい人」になってしまい、リクエストやお願いに対して「YES」と言いがちです。サポーターとのコミュニケーションでは、言葉だけでなく、ノンバーバル（表情など）な部分にも注意する必要があります。また、「合意」があることが彼らの行動の源になります。サポーターと何かをする時は、彼らが「合意」を確認できる機会を用意するとともに、彼らの貢献を明らかにす

01 絶対にうまくいく方法はない

ることで行動が促進されます。

個別対応例

- いきなり要件から話すより、「今日はいい天気ですね」等の時候の挨拶からゆっくりとコミュニケーションを始めたいタイプです。
- 頻繁に声をかけて丹念に話を聴いてあげるとモチベーションが上がります。
- 任せている仕事やプロジェクトに関しては、結果が出るまで放置するのではなく、「一人で大変でしたね」、「よくやってくれました。心から感謝していますよ」と経過中にも関心を示すのが効果的です。
- 「いつも助かっていますよ」という頻回な承認を喜びます。
- 何かをお願いする時は、気遣いを示し、いつでも力になることを言い添えて要望することです。「ここのところずっとお忙しそうですね。お身体は大丈夫ですか。実は、次回のカンファレンスのことでお願いしたいことがあるのですが、これをしてくれるとチームのみんなが助かります」と伝えると機嫌良く応えてくれます。
- ノーと言わないのを良いことに色々要望され、仕事を丸投げされると次第にパニックになります。詰問され、決断を迫られる時も同様です。「何かお手伝いできることはありますか」等の気遣いや協力の姿勢を見せることで安心します。

2 押さえておきたいコミュニケーションのポイント

> **まとめ**
> ・いつでも誰にでも通用する万能なコミュニケーションは存在しません。
> ・相手の特性に合わせたテイラーメイドな対応が必要です。
> ・「タイプ分け™」を有効に活用して、かかわりの可能性を広げましょう。

02 自分のコミュニケーションに100%責任を持つ

> **POINT**
> すべては自分が選んでいると考え、
> その結果については、100%責任を持つ、
> そうした意識が成果につながります。

すべて自分が選んでいるという意識

　人生はさまざまな選択の繰り返しです。今日着ていく服をどうするかに始まり、仕事の進め方、仕事上の決定、夜に何を食べるか等々、人は自分で選択していきます。もちろん、状況によっては選択肢が一つしかなく、それを選ぶしかないことだってたくさんありますが、たとえそうであったとしても自分が選んだからには、それがどのような結果になろうとも人や環境のせいにしない姿勢が次の行動変容や成果を生みます。コミュニケーションも自ら責任を持つことは全く一緒です。自分が行うコミュニケーションは、すべて自分で選んでいると捉えて、その責任は100%自分が負うわけです。

対人援助職としての責任

　昔は自分の命をもって責任を取ることを美徳とする時代もありましたが、現代社会での責任は、シンプルに言えば「経済的に損をする」ことです。例えば、スピード違反をしたら罰金が課せられます。顧客先の物品を壊したら弁償します。業績が上がらなければ職責の降格や辞任、減給などがあるでしょう。

　対人援助職のコミュニケーションにおける責任を考えた時はどうでしょうか。ケアマネジャーが利用者とのコミュニケーションに責任を持たなかったらどうなるでしょう。当然、利用者の不利益を生じかねません。つまり、自分だけの損で

図表2-2 責任とは?

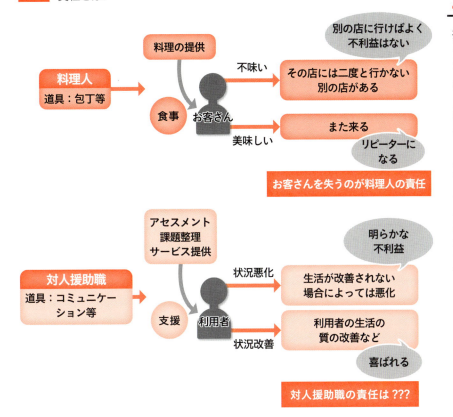

はすまなくなるのです。これはプロとして失格です。そうした意識で対人援助職として自分のコミュニケーションに100%責任を持つ、そのことで利用者に不利益をなるべく生じさせない、それがプロの条件です。図表2-2は責任について図示しています。援助職としての自分を振り返ってみましょう。

・すべて自分が選んでいるという意識が、100%責任を持つ実践につながります。
・利用者に不利益を生じさせない、それがプロの援助職の条件です。

03 言語的・非言語的コミュニケーション

> **POINT**
> 信頼関係の構築や安心感の創出の鍵とも言える非言語的コミュニケーションを意識した面接を心がけましょう。

言葉と言葉以外を駆使して伝える

　コミュニケーションによって、お互いに伝え合う情報の種類は、感情、意思、思考、知識など多種多様です。動物は言葉、表情、ジェスチャー、鳴き声などの媒体を用いますが、人間は言語を活用できる唯一の存在です。

　言語的コミュニケーションは、言葉を使って相手と対話することで、バーバルコミュニケーションとも言われ、これには、挨拶や会話、演説、講義、電話、手紙、Ｅメール、報道なども含まれます。ケアマネジャーにとっては、相手にわかりやすく説明できる能力やプレゼンテーション力が求められる領域です。

　一方、人間がコミュニケーションを行う際、「目は口ほどに物を言う」といった諺にもあるように、言葉より、顔の表情や顔色、視線、身振り・手振り、姿勢、服装、髪形、呼吸、声のトーン、声の大きさ、声の速さ、声質、物理的な距離感などがより重要なメッセージを担っている場合があります。

　こうした非言語的コミュニケーション（ノンバーバルコミュニケーション）を用いて、メッセージを伝達し合っています。

非言語的情報を意識する

　2つのコミュニケーションは、どちらがより重要ということではありません。言語よりも見た目や伝え方のほうがインパクトがある場合もあるでしょうが、話

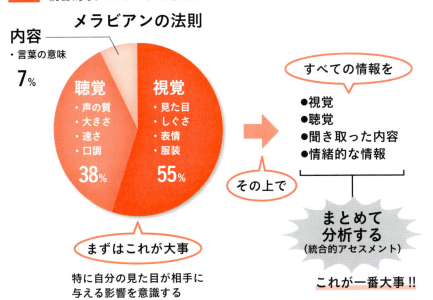

図表2-3 統合的なアセスメントのために

している内容もしっかり聴き取らなければケアマネジャーとしてのアセスメントはできません。第1章でも触れましたが、視覚情報、聴覚情報、聴き取った内容、その言葉に込められた情緒的な情報のすべてを受け止め、あるいは引き出していく必要があるでしょう（図表2-3）。

一方で、こちらの非言語的情報が相手に与える影響については、より意識する必要があります。メラビアンの法則を持ち出すまでもなく、見た目や話し方が利用者に対して与える印象が信頼関係の構築に大きく影響を及ぼします。

対人援助の場面では、信頼感や安心感を意図的に創出することになるので、無意識に自らが発信している非言語的情報には特に留意する必要があるのです。

- 非言語的コミュニケーションが与える影響力を常に意識しておきましょう。
- 対人援助職は、言語的・非言語的コミュニケーションを駆使できるようになりましょう。

04 | 伝わったことが伝えたこと

POINT
こちらが「伝えたかったこと」ではなく、
相手に「伝わったこと」が真実です。

伝えたことと相手に伝わったことが同じとは限らない

　自分が伝えたことがすべて伝わっていると思い込んではいけません。投げかけたメッセージを相手が聴いたつもりになっていて、実は正確に受け取っていないこともあります。なぜなら人は自分の都合のいいように聴いているからです。「前にも同じことを言ったよ」と相手を責める人がいますが、それは間違っています。真実は、「伝わったこと」だけなのです（図表２-４）。

　例えば、自分が伝えたいことが全部で10あったとしましょう。伝えた相手が10のうち３だけしか受け取っていなかったとしたら、自分が伝えたことは３です。10ではありません。10のことを伝えたいのであれば、10のことが伝わるまで繰り返し何度でも伝え続けることです。諦めた時点で伝えたことが未完了のまま確定してしまいます。

伝えることを諦めない

　仮に受け取る側に問題があったとしても、百歩譲ってあえて伝える側の問題として捉えることです。前述した通り、責任は１００％自分で持ちましょう。相手のコミュニケーションの特性に合わせて、伝わる工夫を重ねながら、あの手この手で伝えていくことがコミュニケーションを発信する側の責任です。主体的な人はこのような立場でコミュニケーションを展開しています。

図表2-4 真実は「伝わったこと」だけ

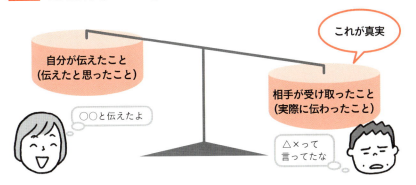

特に、ケアマネジャーがコミュニケーションを行う相手は、主に高齢者であり、時代背景の違う文化や習慣を持っている人々です。ケアマネジャーが普段使っている言葉や言い回しがそのまま通用すると思わないほうがいいでしょう。ましてや認知症状や意思疎通に障害を抱えている人も少なくありません。ケアマネジャーがコミュニケーションを諦めた瞬間、人生や生活に影響を与える必要な情報が届かなくなるということです。これは職業倫理の観点からも避けるべきことです。

また、伝わるまで伝えていく姿勢は、相手に負担をかけるように感じるかもしれませんが、それ以上に、自分に関心を持ってくれているという安心感や安堵感につながっているのだと捉えましょう。

- 自分が伝えたことがすべて伝わっているとは限りません。
- 10伝えたいことがあっても、相手が3しか受け取っていなければ、伝えたことは3です。
- 相手に伝わるまで伝わる工夫を繰り返しましょう。

05 | 事実は一つ、解釈は人の数

POINT
一つの事実でも100人いたら100通りの解釈があります。
自分の解釈だけが正しいとは思わないことです。

解釈は人の数だけ存在する

　一つの事実でも、人によってその解釈は180度違うことがあります。
　オリンピックなどで日本の選手やチームが勝つという事実は、多くの日本人にとって大変喜ばしいことですが、対戦相手国の人から言わせればとても悲しい出来事になります。これは、事実よりも自分の解釈のほうが優先されるからです。
　ケアマネジャーにとって、自分の立場や視点で早々に判断するコミュニケーションは絶対に避けるべき態度であり、考え方です。主観的な視点が優先されると、本当の姿を見る機会を失うどころか、相手との関係性に支障が生じます。信頼関係の構築がうまくいかない要因にもなります。
　多角的に人や物事を見る習慣があれば、より客観的な事実に触れることができます。事実は一つ、解釈は人の数です。現在の自分の解釈も数ある中の一つだと考えることです。

インド象は大きな木!?

　大きなインド象を目隠しして触れてみることを想像してください。太い足に触れた時には何かの大木かなと思うかもしれません。長い鼻に触れた際には消防ホースだと考えるかもしれません。幅の広い耳を触った時には厚めの絨毯だと判断する人もいるでしょう。

05 事実は一つ、解釈は人の数

2 押さえておきたいコミュニケーションのポイント

　もし足だけに触れて大木だと信じて解釈した場合は、その人にとっての事実はインド象ではなく、大木です。その解釈はずっと変わりません。人は受け取ると決めた情報だけを受け入れます。しかし、目隠しを取って全体を見ると、インド象であることが一目瞭然です。

　枝や葉っぱだけを見ては、森は見えませんし、森だけを遠くに見ても枝や葉っぱはわかりません。思い込みという自分の目隠しを外して、近くから見たり、離れてみたり、上から見たり、真下から見るようなコミュニケーションを心がけましょう。決して自分の解釈だけが正しいという考え方は慎むようにしましょう。

まとめ
- 自分の立場で早々に判断するコミュニケーションは絶対に避けるべきです。
- 自分の解釈は数ある解釈の中の一つだと考えるのが賢明です。
- 俯瞰的な視点、多角的な視点で人や物事を見る習慣を身につけましょう。

06 体験が伝わる

> **POINT**
> 体験した出来事を客観的事実と主観的事実の両方で再構成した体験談は心に響きます。

体験談が人の心を動かす

　一般論や抽象論では人は動きません。人は感情の動物なので、情緒的なかかわりの中で動き始めます。優秀な営業マンと言われるのは、話が立つ人でも、理屈で相手を論破できる人でもありません。会話の中に、今の自分の思いや気持ちを体験談として盛り込んで伝えられる人だと言われています。

　個人的な体験談は非常に大きな影響や効果をもたらします。机上の空論ではなく、絶大な説得力と具体的なわかりやすさで相手を魅了するからです。

　例えば、「旅行に行って楽しかった」では、受け手はイメージができません。「先月、京都まで一人旅をした。有名な大社に立ち寄ると、少し腰の曲がった初老の女性が百度参りをしていた。高齢の娘さんの初産が母子共に無事であるよう、脇目も振らず何度も何度も願掛けをしていた」これは、詳細が明らかな客観的事実です。体験した出来事を再現しています。

　「そこには子を思う母の姿があった。その姿にしばらく会っていない母が重なった。母が私のために毎朝お弁当を作ってくれたことや、就職で家を離れる時、駅で何度も手を振って見送ってくれた母の涙を思い出した。その時、母が今も私のために祈ってくれているかもしれないと感じた。母に会いたい、今すぐ電話して母の声を聴きたい。私は携帯で母に連絡し、『元気？　何でもないんだけど、声が聴きたくて……。ありがとう、お母さん』と伝えた。母の存在の有難みを思い起こさせるいい旅だった」

　後半は、主観的事実が中心に述べられ、私の変化の瞬間や、母を思う子としての成長、つまり体験の意味づけが浮き彫りになっています。

　体験談は、出来事を再現し、変化を伝え、意味づけをするものです。体験を伝えるためには、語り手が自分の感情や感覚に正直で、あるがままの自分を伝えることが必要です。

　ただの言葉よりも目に浮かぶ具体的なストーリーを示されたほうが、圧倒的に情報量が多く、リアリティがあるので、共感を呼び、そして、感動した相手は行動を起こしやすくなるのです。

対人援助職として

　これは対人援助職のコミュニケーションにも役立ちます。

　援助者は、情報を扱う業務の性質から「説明」や「プレゼンテーション」が中心のコミュニケーションを取りがちです。しかし、簡潔明瞭な言葉で見事な説明を行ったとしても、相手に伝わらなければ適切な支援はできません。

　援助を必要としている人たちは、直面している問題をどのようにすれば解決できるか、自分にもできる、自分に適した情報を欲しがっています。ですから、同

じような状況や障害を抱えた人の実話や、身近な人たちの実際の体験談は、「自分にもそれができるかもしれない」と、希望や解決の糸口になる可能性を秘めています。

自助グループや家族会で話が盛り上がるのも、きっと体験が伝わるという背景があるからでしょう。ケアマネジャーは、相手が必要な情報を、客観的な切り口に加えて主観も交えて体験談を通して伝えられるように、普段から意識して備えておきましょう。

体験を伝えるコミュニケーション

ケアマネジャー

奥さまに『愛してる』って気持ちを伝えるのはダメですか？

この歳になって今さら恥ずかしいよ。

利用者

奥さまは言葉では直接言いませんが、聴いてみたいようですよ。

若い頃は私も毎日伝えていたんだけどなぁ。

そうなんですか。今も愛されてますか？

そりゃ、そうだけど……。

数年前にかかわったご利用者さんの話をしていいですか？

もちろん。

長年連れ添ってきた奥さまが、その夜は珍しく一緒に晩酌をしようって誘ってきたそうなんですね。

06 体験が伝わる

2 押さえておきたいコミュニケーションのポイント

利用者
それで？

ケアマネジャー
ご主人は疲れていたので『俺はいいよ』って、さっさと寝てしまった。ご主人が朝起きたら、奥さまは布団の中で二度と帰らぬ人になっていたそうなんです。

そう……。奥さまは、最後にご主人とコミュニケーションしたかっただろうな。虫の知らせだね。

 そうです。ご主人は激しく後悔していました。なぜあの時素直に付き合ってやれなかったのかと。

この歳になると何が起こっても不思議ではないからね。よくわかりました。

 何がわかったんですか？

今夜、ちゃんと感謝の気持ちを伝えるよ。

 感謝も大事ですが……。

わかってるよ、『愛してる』って言うよ。

まとめ

・体験談は絶大な説得力と具体的なわかりやすさで相手を魅了します。
・体験談は、客観的事実と主観的事実の両方で体験した出来事を再構成することです。
・共感し、感動した相手は行動を起こしやすくなります。

07 自分の感情とうまく付き合う

POINT
自分の内側に流れている感情に気づきましょう。
まずは、1日5分間、自己観察の時間を
持ってみましょう。

感情は主に「快」と「不快」に分かれる

　感情は、主に2つのグループに分かれるようです。それは、「快」と「不快」なのですが、実際の例をいくつか挙げてみましょう。

　快の感情は、「喜び、安心、満足、感謝、驚愕、興奮、好奇心、冷静、愛しさ、感動、幸福、リラックス、愛、優越感、尊敬、共感、期待等」です。不快の感情は、「不安、心配、不満、失望、無念、落胆、嫌悪、重圧、困惑、羞恥心、軽蔑、嫉妬、罪悪感、後悔、劣等感、恨み、苦しみ、悲しみ等」です（図表2-5）。

　感情とは、一体何でしょうか。それは、物事や人に触れた時、内側で湧き起こる快や不快を主とする気持ちの揺れ動きです。どんな人も、常にその内側には感情が流れています。

　しかし、多くの人がそこにあまり目を向けていません。自分が何を感じているかを気に留めることなく、次の行動を急いで起こしています。感情に無頓着で、常に抑え続けていると、次第に感情が感じられなくなることもあるようです。これでは仕事ができません。

まずは他人の観察より自分の観察

　ケアマネジャーは、相談援助の際に利用者や自分自身の感情に着目します。共感的理解のために、利用者が自由に感情を出せるよう意図的にかかわります。同

07 自分の感情とうまく付き合う

図表2-5 快の感情と不快の感情の比較表

快	不快
喜び、安心、満足、感謝、驚愕、興奮、好奇心、冷静、愛しさ、感動、幸福、リラックス、愛、優越感、尊敬、共感、期待、親近感、憧れ、楽しみ、勇気、優しさ	不安、心配、不満、失望、無念、落胆、嫌悪、重圧、困惑、羞恥心、軽蔑、嫉妬、罪悪感、後悔、劣等感、恨み、苦しみ、悲しみ、苛立ち、切なさ、諦め、惨め

時に、自分の感情が相手に巻き込まれないようコントロールすることも必要です。特に、自分の中の怒りや自己嫌悪は、安易に構えていては逆に感情側にコントロールされてしまいかねません。

自分の感情をコントロールするためには、まず、自分の感情を知り、理解することから始めます。書斎や浴室等の静かな環境を選び、足の裏を床につけ背筋をピンと伸ばして腰掛けます。呼吸に意識を向け、深呼吸を自分のペースで2,3回繰り返します。そして、自分の内側で、次のような問いかけを始めていきます。「今の身体の感じはどう?」、少し間をおいて「今どのような気持ち?」「今心の奥に仕舞い込んでいる感情は何?」と、急がずにスローペースで進めます。

とはいえ、感情ではなく、「頑張らないとダメだなぁ」とすぐに思考が出てくるものです。そのような場合には、「その考えはどんな感情と結びついている?」と質問を変えて続けます。「不安だよねぇ、……少しだけ劣等感もあるなぁ」。

1日5分程度で構いません。自己観察の問いを日々積み重ねましょう。自分の内側にある感情を見つけたら、何とかしなければならないと考えるのではなく、たとえ「不快」の感情であったとしてもその存在をそのまま受け入れ、許してあげましょう。「不安……、不安がある、確かにあるよね」。「不安のある私」を受け入れる、これが自分の感情と付き合う第一歩です。

まとめ
- 感情とは、内側で湧き起きる快や不快を主とする気持ちの揺れ動きです。
- 自己観察を通して自分の内側にある感情を受け入れることから始めましょう。

08 常に相手の立場で感じ、考え、理解する

> **POINT**
> 必要な情報収集をしながら、
> 常に相手の立場で物事を理解するのが
> プロの援助職者です。

まずは相手の言い分にも一理あると認めること

　常に相手の立場で物事を考えてみる習慣がある人は、一方的で独善的なかかわりを避けることができます。そして、円滑なコミュニケーションを実現しています。

　そもそもケアマネジャーに求められる行動規範には、利用者の尊厳保持や利用者本位が定められています。利用者本位の視点とは、ケアマネジャーが利用者の立場に立って物事を考え、感じることです。そして、理解しがたい行動も利用者側の論理で眺めてみることです。

　例えば、ゴミ屋敷の中で生活している利用者がいるとすると、一方的な視点では、清潔で安全な環境の中で生活することが解決すべきニーズであると捉えがちです。さらに周辺住民や行政が同調すると、住環境の早急な片付けや掃除が絶対的に正しいことであると思い込んでしまうでしょう。確かに間違ってはいませんし、社会的にもそれが妥当でしょう。しかし、当事者である利用者との話し合いは平行線をたどることが多いのです。

　利用者にも独自の言い分や正当な理由があります。もしかしたら、周りの人とのつながりが希薄になり、とてつもない不安と孤独にさいなまれ、物を自分の近くに集めることでしか解決できない状態になっているのかもしれません。自覚もなく無意識での行為であれば、説明がきちんとできなくて困惑しているかもしれません。それを認めることが大事です。

利用者抜きで対策を考える　　利用者と一緒に考える

利用者本位の姿勢

　そのために援助者側の理屈ではなく、利用者の味方としてコミュニケーションをしてみましょう。どんなに理解しがたい主張や考えであったとしても、利用者の主張にも一理あると捉え直し、利用者の主張や気持ちに耳を傾け、理解しようと努めるのです。利用者側に立って景色を眺めると、それまで見えなかったものが現れてくるものです。これが利用者本位のコミュニケーションです。

- 常に相手の立場で物事を考える人は、円滑なコミュニケーションを実現しています。
- 利用者の主張や気持ちに耳を傾け、理解しようと務めることが大切です。

09 | 他人の幸福を喜ぶ

> **POINT**
> 自分と他人を比較しないこと。
> それが、他人の幸福を喜ぶためのコツです。

「ウサギとカメ」の寓話は比較大敵の教訓

　イソップ寓話「ウサギとカメ」は、油断は失敗のもとで、恐ろしい敵であるという教訓の話として知られています。油断大敵はウサギの立場での戒めです。
　では、カメの立場で考えてみましょう。なぜカメはウサギに勝てたのでしょうか。その要因の一つは、カメが比較しなかったからです。足の速いウサギの持って生まれた才能や能力を妬んだりしませんでした。与えられた条件や置かれた環境に対しても、卑屈にならず目標達成を諦めませんでした。カメは優れたウサギを見ずに、魅力的な目標を見ていたのです。これが、もしウサギと比較してしまい、足の速いウサギを妬んで、勝てるわけがないと思い込んでいたら結果は違っていたでしょう。比較こそ大敵なのです。

他人の幸福を喜ぶ

　周りの人の幸福を一緒に喜んであげられる人は、カメのように他人と比較しないという特性を持っています。比較しなければ、嫉妬や不平不満が出てくることはありません。比較しないのは、何が大切かという価値や、物事はどうあるべきかという信念に強い意識を持っているからです。これらのテーマは自ら見出すものであり、誰かから与えられるものでも、人と比べるものでもありません。
　このような人は、多くの場合、前向きで、明るく、相手に好印象を与えます。

09 他人の幸福を喜ぶ

2 押さえておきたいコミュニケーションのポイント

お互いの違いを認めることもできるので、建設的で生産的な関係を無理なく築くことができます。当然コミュニケーションは活発になり、スムーズにいきます。何を話しても否定されることなく、受け入れてくれるからです。同じ時間と空間を共有したいと相手は自然と感じます。ケアマネジャーのコミュニケーションのあり方はそのような状態であって欲しいものです。

　しかし、これは簡単ではありません。人はどうしても、他人と比較して、嫉妬したり、利己的になったりします。どうしても比較してしまう人は、例えば、成功した相手と対話する際には、結果としての成功だけでなく、成功までのプロセスを見るのです。そこには、成功するまでの努力の積み重ねやそれ相応の犠牲があるはずです。このプロセスを相手に尋ね、意図的に引き出すコミュニケーションにトライしましょう。大きな障害を乗り越えるための苦労や工夫がその陰にあることに気づくでしょう。その真実を知ると、自分の妬みが部分的で取るに足らないものだと思えてくるでしょう。どんな成功であれ、その裏にあるものを知ることで妬みが解消され、一緒に喜びを分かち合うことにつなげられるのです。

> まとめ
> ・「ウサギとカメ」のカメはウサギを見ずに目標を見ていたから勝てました。
> ・他人の幸福を喜べる人は、他人と比較をしません。

10 思い込みの枠を知る

> **POINT**
> 自分の能力に限界を加えるものは、
> 他ならぬ自分自身の思い込みです。

仕事とは、生きがいか？ 仕方なくやるものか？

　対人援助職にとって、自分を知るという取り組みは必要不可欠な要素です。自己覚知の手始めは、自分の思い込みの枠に気づくことです。思い込みは多かれ少なかれどんな人にもあります。この思い込みのおかげで自分を守れてきたと言えますが、一方で他人とのかかわりの中で失ったものも数えきれないほどあるでしょう。

　思い込みの枠にはどんなものがあるでしょうか。「社会のルールは絶対守るべきだ」「思い通りにならないと頭にくるのは当然である」「非難される自分はダメな人間だ」「ケアマネジャーなら直ちに最良の解決策を見出さねばならない」など例を挙げればきりがありません。

　思い込みは、心理学ではビリーフと呼ばれます。「仕事とは○○である」や「お金とは○○である」などの穴埋め文章の連想で自分のビリーフを浮き彫りにすることが可能です。

　「仕事は生きがい」と答える人もいれば、「仕事はできれば楽なほうが良い」と考える人もいるでしょう。他人の答えを聴いて自分の常識と違うことに初めて気がつく人もいます。つまり、思い込みの枠を普段は意識することがないし、その存在すら認識していません。

　枠は悪いものではなく、誰にでもあるものです。思い込みの枠自体は取り払うことはできません。しかし、大きくすることは可能です。まずは、枠の存在に気

10 思い込みの枠を知る

思い込みの枠は大きくすることができる

づくことが大切で、それを受け入れることから無理のない等身大の自分とのコミュニケーションが始まります。

思い込みの枠を広げる

　思い込みの枠に気づく方法は2つあります。「自分がどんな人間か周りに聴くこと」と「新しい体験にチャレンジすること」です。枠の中にいてはわかりません。勇気を出して枠の外に出てみると気づくことがあるはずです。そして、思い込みの枠に気づく瞬間は、必ずと言っていいほどショックを伴います。しかし、その気づきは次第に深いレベルの安心感や感動に変わります。既存の枠が広がり、受け入れられる人や出来事が増えていくのを実感するでしょう。

　私が新任のケアマネジャーだった時、開業医の医師とのコミュニケーションが不得手でした。偉そうな態度でプライドが高く、いつも怖い顔をしていたのに加え、コミュニケーションにおいて専門用語が多く、何を話しているのか、何を話せばいいのかさっぱりわからなかったためです。いつも一方的に責められていたように記憶しています。

　私は医師とかかわりをできる限り避けていたように思います。当然コミュニ

ケーションの量は減り、医師からの苦情やトラブルはますます増え、不本意ではありましたが、苦手意識はさらに高まっていきました。まさに負の連鎖です。

ある日地域の医師会長から「実母のケアマネジャーを引き受けてくれないか」という依頼を受けました。会長は、実は苦手な医師の代表のような存在でした。「なぜ私に?」と正直困惑しましたが、逃げていては成長がないと意を決して承諾しました。

最初の訪問は、まるで武器を持たずに敵の陣地に飛び込んでいくような気持ちでした。正直引き受けたことを激しく後悔しました。

後ろ髪を引かれる思いで自宅を訪ねると、そこには、実母をいたわる優しい息子の姿がありました。家族であり、主治医でもある医師会長のもう一つの側面を見て、会長はいつも怖い人であるというレッテルを私が貼っていたことに気づきました。そして、コミュニケーションが深まると安心したのか、私はいつものケアマネジャーに戻っていました。

その後も、医師会長と話すと緊張するのは変わらなかったのですが、コミュニケーションの量が増え、笑顔で対話できるようになりました。思い込みの枠が少しは広がったようです。

新しい体験は、最初は抵抗があるかもしれませんが、一歩足を踏み入れれば気づきの宝庫なのです(第3章03参照)。

- 自己覚知の一つ、自分の思い込みの枠に気づくことはケアマネジャーには不可欠です。
- 自ら思い込みの枠に気づく方法は、「自分がどんな人間か周りに聴くこと」と「新しい体験にチャレンジすること」です。

私語が止まらない受講者

COLUMN 2 押さえておきたいコミュニケーションのポイント

　私が約200名の一般市民や専門職の前で、「これからの社会保障制度」をテーマに講演をした時のことです。最前列の右端席にいた二人の若い女性たちが、講演当初からずっと小声で喋っていたので、壇上から注意をしようかと思いました。しかし、せっかくご縁があって参加してくれたのだから、全員の前で恥をかかせることは避けたほうがいいと判断しました。

　残念ながら、その後もずっと彼女たちの私語は止みませんでした。講演が終了した時点で、さすがに私も怒りの感情を抑えることができず、今度こそ彼女たちのためにも注意をしようと壇上を降りようとしたら、何と先に彼女たちのほうから私の元に足早に近寄ってきました。満面の笑みで私に握手を求めながら、「とても勉強になるお話でした。ありがとうございました」と一人が丁寧にお礼を述べました。驚きつつも私は「ずっと話をしていた君たちは私の話の内容なんてわかってないでしょ」と内心では否定的な思いで、社交辞令的なコミュニケーションを交わしていました。

　「実はお隣にいるアンさんはベトナム難民のお一人で、現在難民救済センターで日本語の学習を進めています。日本の福祉事情にもとても関心があって、今回特別に講演に参加させてもらいました。私は救済センターの日本語教師で通訳の山本です。アンさんは先生のお話に大変感銘を受けられたようです」「アンです。先生、日本は素晴らしい国です。先生のお話、とても勉強になりました」

　そう。ずっと話していたのは山本さんがアンさんに通訳していたからでした。

　彼女たちは、私の話の邪魔をするどころか、最前列で最も熱心に聞き入ってくれていた人たちでした。私は本当に恥ずかしくなり、穴があったら入りたいような感覚に襲われました。このことが、一つの事実を多角的に眺める必要性や、相手の立場になって考える大切さを学ぶきっかけになりました。今では、目の前に見えていることでさえ「それが真実」だと単純に捉えないよう、自分を戒めています。

11 今ある自分から始める

> **POINT**
> 何事であれ成功のコツは
> 「今から、ここから、自分から」始めることです。

今から、ここから、自分から

　ケアマネジャーの仕事をしていると、自分の働きに応じた報いがないとむなしさを感じる時があります。壁にぶち当たり、もう限界だと諦めたくなる時もあるでしょう。援助が行き詰まって、相手から嫌われるのではないかと不安に陥ることがあるかもしれません。

　そのような事態になれば、コミュニケーションや行動を止めてしまうことにもなりかねません。これ以上はやるだけ無駄だ、もうちょっと経験を積むまで止めておこう、環境が整うまでしばらく様子を見よう、もう少し自分が認められるまで待ってみようといった後ろ向きの考えが頭をよぎります。

　仕事で結果が出ない時は、解決するために自分もしくは相手を変えようとします。ここに落とし穴があります。人が代わり、頭をすげ替えても根本的な問題は解決しません。

　そんな時は、今が最悪だとしても、それでも、今から、ここから、自分から、動き始めることです。周りから色々と言われるかもしれませんが、等身大の自分でコミュニケーションを出発させましょう。対話は人間そのものではなく、人間関係を変えていくものだからです。相手や自分を変えなくても構いません。

　そもそも対人援助は、暮らしの中の、人と人、人とサービス等の関係障害を扱い解決する仕事です。利用者の個性や人格を変える仕事ではありません。適切な対話を通じて、関係にアプローチしていきます。だからこそ、今ある状態からコ

11 今ある自分から始める

2 押さえておきたいコミュニケーションのポイント

ミュニケーションを始めていくわけです。コミュニケーションで、お互いの視点や意識を変えます。

小さなコミュニケーションから始める

　今ここでのコミュニケーションを始める際の話題や内容は、どんなものでもよいわけではありません。例えば、「政府の対応についてどう思う?」「息子さんを勘当したのはなぜ?」等の質問から会話を始めると、話が重くプライベートな領域に入り過ぎて、相手は答えに窮します。失礼な態度だと思われ、気を悪くするかもしれません。

今ここから始めるコミュニケーションは、いくら必要な情報であったとしても、いきなり込み入った大きな話題では、人間関係の構築に成果が出ません。むしろ逆効果です。小さなコミュニケーションをたくさん試みることが大切です。

　例えば、朝の挨拶は「おはようございます」と爽やかに自分からする、事業所に訪ねてきてくれた人がいたら席を立って「いらっしゃいませ」と会釈をする、電話の取次ぎをしてくれた時は「ありがとう、助かります」と一言添える、人から呼ばれたらハッキリと「ハイ」の返事をするなど、誰にでもできるコミュニケーションから率先して始めることです。

　自分がどのような状態であったとしても、小さなコミュニケーションを毎日継続することで、新しい関係性の第一歩を始めることができます。

・仕事がうまくいかない時は、後ろ向きの考えになりがちです。
・それでも、等身大の自分のコミュニケーションから始めましょう。
・コミュニケーションは、人間関係を変え、互いの視点や意識が変わります。
・いきなり大きな話題は禁物です。

まとめ

コミュニケーション力を磨く

3

CONTENTS

- 01 コミュニケーション力を測る
- 02 フィードバックを取りに行く
- 03 新しい体験をする
- 04 無意識の抵抗に対応する
- 05 習慣になるまで継続する
- 06 やらないことを決める
- 07 思いと言葉と行動を一致させる
- 08 自己基盤を強化する

01 コミュニケーション力を測る

> **POINT**
> チェックリストは自分自身で
> チェックするだけでなく、
> 上司や同僚など他者にも
> チェックしてもらいましょう。

現在の自分のコミュニケーション力を知ろう

　本章から具体的なコミュニケーション力の磨き方について解説していきます。まずは、現在の自分のコミュニケーション力を測ってみましょう。

　コミュニケーション力は、「聴く力」と「伝える力」から構成されています。どちらの力も重要な要素ですが、人によっては得手・不得手がありますので、それぞれチェックしていきます。図表3-1の聴く力のチェックリストと図表3-2の伝える力のチェックリストについて、ケアマネジャーの業務に従事している時をイメージしながら確認してみてください。

最初は主観的な判断でOK

　判断に迷われた方もいるかもしれませんが、最初は主観的な判断で構いません。適切な根拠やデータがなくても感覚で大丈夫です。ただ、理解をより深めるために解釈に誤解を招きやすい項目については、いくつか触れておきます。

　まず、聴く力の「❷話し合いの時、相手に注意を集中し漏らさずに聴くことができる」については、人は相手の話を聴きながら一方で別のことを考えることができるので、集中しなければついつい話を聴き逃すことがあります。意識して聴くことができるかどうかです。

01 コミュニケーション力を測る

図表3-1 聴く力のチェックリスト

- ☐ ❶話し合いの時、相手の視点で物事を見るようにしている
- ☐ ❷話し合いの時、相手に注意を集中し漏らさずに聴くことができる
- ☐ ❸話し合いの時、相手より多めに喋ってしまう傾向は低いほうである
- ☐ ❹話し合いの時、相手の表情などにも目を向けている
- ☐ ❺話し合いの時、相手が話している奥の意味まで、深く聴き取ろうとしている
- ☐ ❻話し合いの時、相手の言っていることについて、すぐ良い・悪いを言わないようにしている
- ☐ ❼話し合いの時、相手が話し終わるのを待ってから、それに対する考えを言うようにしている
- ☐ ❽話し合いの時、相手と気まずい雰囲気になりそうな沈黙があっても恐れることはない
- ☐ ❾相手の言っていることがよくわからない時、しっかり問い返すことができる
- ☐ ❿実際には聴いていないのに、相手に対して聴いているようなふりはしていない

図表3-2 伝える力のチェックリスト

- ☐ ①伝えたいことがそのままスムーズに言葉にできることが多い
- ☐ ②相手にとってわかりやすい言葉や言い回しをするように気をつけている
- ☐ ③相手に敬意を表したり、褒めたりするのが得意なほうである
- ☐ ④自分が言いたいことを、すべて一気に喋るようなことはしない
- ☐ ⑤自分が考えていることを当然相手も知っていると早合点せず、十分に説明するように努めている
- ☐ ⑥相手が自分の言っていることにどのように反応しているか、相手の表情や態度から読み取る努力をしている
- ☐ ⑦話している時、相手は自分の話にしっかり耳を傾けている
- ☐ ⑧自分が伝えようとしている内容を、先に相手に言われるような場面はほとんどない
- ☐ ⑨自分の話す声のトーンや大きさにも注意している
- ☐ ⑩それを話すことで、相手を傷つけたり、状況を悪くすると予測できたとしても、伝えるべきことを伝えることができる

また、「❿実際には聴いていないのに、相手に対して聴いているようなふりはしていない」は、聴き漏らしている内容をさも理解しているかのような不誠実な態度や誤魔化しをしていないかどうかです。その場を取り繕うことはできても、結局相手にいい加減な姿勢が伝わってしまいます。

　伝える力においては、「④自分が言いたいことを、すべて一気に喋るようなことはしない」は、相手に構わず一方的に話し続けていないかどうかです。対話の双方向性が確保されているかどうかを振り返ってみてください。

　また、「⑦話している時、相手は自分の話にしっかり耳を傾けている」は、伝える相手が関心のある話題や理解できる言葉で対話していないと相手は困惑するということです。相手のニーズに合えば耳を傾けてくれます。

まずは6割以上を目指す

　2つのリストはそれぞれ10点満点ですが、いかがでしたでしょうか。

　各リストのチェックが2つ以下の人は、聴くことや伝えることが明らかに苦手、もしくは自覚がほとんどなく技術的に劣っているかもしれません。コミュニケーションの基本を一から身につけるためにも本章を読み込んでください。

　各リストのチェックが3つから5つの人は、コミュニケーションスキルの基盤が少しできて、成長途上にあります。まだまだ難しい部分もありますが、繰り返し実践の中で鍛えていきましょう。第6章も上手に活用してください。

　各リストのチェックが6つから8つの人は、聴く力や伝える力がある人です。相手が心を開いて気持ちよく話ができます。相手に正確な情報が伝わり共有する機会が増えます。さらにスキル向上に磨きをかけていきましょう。

　チェックが9つ以上の人は、自他共に認める聴き上手であり、伝え上手です。周りのモデルとなり、影響力のあるコミュニケーションを展開していることでしょう。このまま精進を重ねてください。

　どのレベルであったとしても、ケアマネジャーとしての力磨きに卒業はありません。たとえこのチェックリストが満点であったとしても、コミュニケーション力の幅や深みはまだまだ追求できるのです。生涯かけて磨いていきましょう。

コミュニケーションを磨くために

具体的には、次の項目から解説をしていきますが、「フィードバックを取りに行く」「新しい体験をする」「無意識の抵抗に対応する」「習慣になるまで継続する」「やらないことを決める」「思いと言葉と行動を一致させる」「自己基盤を整える」まで7つの方法が効果的です。

世間的なイメージでは、「話し方教室」や「ボイストレーニング」等のほうが、直接的に成果が出るように思われがちですが、対人援助職のコミュニケーションでは、それでは十分なトレーニングとはなりません。

大きな建造物にはそれに見合う深くて大きな基礎があるように、「聴く」「伝える」コミュニケーションにも、それを支える基礎が必要だからです。基礎がしっかりしているからこそ、上達が早くなります。コミュニケーションを磨くには、まず基礎工事が先決なのです。

> **まとめ**
> ・コミュニケーション力は「聴く力」と「伝える力」で構成されています。
> ・「聴く力」や「伝える力」磨きに卒業はありません、生涯学習です。

02 フィードバックを取りに行く

> **POINT**
> 自らフィードバックを取りに行くことで、
> コミュニケーション力を磨きましょう。

定期的なフィードバックで軌道修正しよう

　ケアマネジャーは井の中の蛙や裸の王様になってはいけません。経験値が増してくると良い意味でも悪い意味でも自分の物差しだけで評価・判断ができるようになり、周りが見えなくなる傾向があります。時代の流れや環境の変化に対応していくためにも、定期的にフィードバックをしてくれる人が必要です。

　フィードバックとは、「目指す目標や成長に対して、相手がどのような状態にあるかを第三者の視点で伝えること」です。これは良いか悪いか、損か得かなどの他者による評価でも、もっとこうすればよいといったアドバイスでもありません。お祭りの射的であれば「目標の的に対して10時の方向に30cm離れて着弾したよ」というのがフィードバック、「下手だね」というのは評価、「もうちょっと右下に向けて打たなくちゃ」というのがアドバイスです。一般的なコミュニケーションの中で頻繁に使われているのは、評価やアドバイスです（図表3-3）。

　しかし、主体的なコミュニケーション力を高める基盤は、やはりフィードバックです。正直なフィードバックは「鏡」や「体温計」のような役割を果たします。ですから、定期的にフィードバックを受けることで気づきが生まれ、自分を第三者の視点で見つめることができ、目標に対して軌道修正することができるのです。

図表3-3 フィードバックとアドバイスと評価

フィードバック	アドバイス	評価
「○○さんは□□でしたよ」	「○○さんが△△するためには××したほうがよいですよ」	(○○さんが□□だったことについて)「●●ですね」
【ありのままを伝える】	【解決策を伝える】	【行為についての評価】

フィードバックとアドバイスの違い

　アドバイスとフィードバックを明確に認識して使っているかどうかで、コミュニケーションの結果が大きく変わります。

　アドバイスは、「相手に正しい答えがない、しかし自分は知っている、だからこうしなさい」と解決策を直接的に教えることです。アドバイスを言う側にとっては必ず受け取ってもらえるものと期待しているので、高圧的なメッセージになりがちです。場合によっては、上から目線と思われるかもしれません。

　しかし、フィードバックは受け取る側がその情報を採用するかどうかを選択する立場が守られています。相手の主体性を尊重しているからです。ここにもはっきりした違いがあります。一方で、フィードバックは、目標が明確でない人にはあえて使わないという留意点があります。求めていない人には大きなお世話であったり、ただのお節介になるので注意が必要なのです。

自らフィードバックを取りに行く

　こちらの目標に沿ったフィードバックはありのままを映し出す鏡のような働きをしてくれますが、そうしたフィードバックは待っていても誰もしてくれません。する側にとっては嫌われるリスクがあるからです。ですからケアマネジャーは、周りの人たちに自分からフィードバックを求める努力が必要です。そして、どのような内容であったとしても、それをすべて受け入れ、感謝を伝えることを忘れてはなりません。

　例えば、サービス担当者会議で司会を行う際に、同席する主任介護支援専門員に事前にフィードバックの依頼をお願いすることが挙げられます。「コーチングのスキルを使って参加者全員に発言を促すという目標があるので、無理やりではな

く適切に促していたか、後でフィードバックをお願いできますか」とリクエストします。そして、会議終了後にフィードバックを進んで取りに行きます。自分のコミュニケーションの能力や状態がすぐにわかるので非常に効果的です。

フィードバックを取りに行く手順例

あなた 「会議の後で、フィードバックをお願いします」 ❶相手を選ぶ
主任CM 「わかりました。どんな内容がよいでしょうか」
あなた 「はい。会議の運営や司会ぶりについてお願いします」
　　　　❷自分の目指すゴールや目的を明確化する
主任CM 「わかりました」

　　　　　　　　〜会議終了後〜

あなた 「どうでしたでしょうか?」 ❸進んで取りに行く
主任CM 「予定の時間に始まり、予定の時間に終了しましたね。それから参加者全員の名前を最初に言ってから発言を促していました。また、発言の趣旨がずれている人には、勇気を持って指摘し、発言内容を変えるようにリクエストしていましたね」
　　　　❹ありのままをフィードバック
あなた 「なるほど。よくわかりました。ありがとうございました」
　　　　❺受け入れ、感謝する

フィードバックで磨けること

　フィードバックの際には、する側もされる側も高い傾聴力が求められます。観察眼が必要なため、聴く力❷の「相手に注意を集中」し、聴く力❹の「相手の表情」や、聴く力❺の「奥の意味まで、深く聴き取る」能力が育まれます。また聴く力❻の「すぐ良い・悪いを言わない」、つまり評価の視点ではなくありのままの状態を発見する視点も強化されるのです。

　また、フィードバックの実践を通して、客観的な事実を数字で表現したり、抽象的な表現から具体的な表現に換えて伝える工夫をするようになります。その体験は、伝える力②の「相手にわかりやすい言葉や言い回し」ができるようになり

ます。また、伝える力⑩の「それを話すことで、相手を傷つけたりしても、伝えるべきことを伝えることができる」ようになります。フィードバックの内容には、肯定的な事実だけでなく、否定的な事実も含まれるからです。フィードバックを自ら取りに行く習慣を身につけ、継続的に実践することを推奨します。

> **まとめ**
> ・時代の流れについていくためにも、定期的なフィードバックが必要です。
> ・フィードバックは目指す目標に対して、どのような状態にあるかを第三者の視点で伝えることです。
> ・フィードバックを自ら取りに行き、コミュニケーション力を磨きましょう。

03 新しい体験をする

> **POINT**
> 新しい体験に飛び込む秘訣は、
> 自分の行動パターンの一部を変えてみることです。
> 工夫次第で新しい体験は容易に実現できます。

新しい体験は自己覚知の宝庫

　新しい体験と言うと難しそうに聴こえますが、単純にこれまでの自分のパターンとは異なった行動にチャレンジしてみるだけでよいのです。工夫次第でそれが新しい体験になります。例えば、いつもの髪型を一部変えてみる、散歩の際、知らない道に行ってみるなどです。最初は、日常生活の中でさりげなく取り入れられるものがベストです。小さな体験から気づけることもたくさんあるでしょう。経験の質ではなく、経験の量が大事です。

　慣れてきたら、100キロマラソンに出場し完走する、富士山頂でご来光を眺めるなど、やったことのない、今まで考えたこともないような大きな体験にチャレンジしてみましょう。これまで体験したことがない苦しみや感動によって、これまで知らなかった自分に気づくことができるかもしれません。

　私事ですが、大学卒業に際し、福祉の道に入る私に大学の恩師から2つの助言をもらいました。「相談援助職者として大成するためには、まずは、読書をしなさい。専門書だけではなく、さまざまなジャンルの本を広くたくさん読むことで、他人の人生に触れなさい」と言われました。次に「海外に行きなさい。留学でも旅行でもいいから、現地の文化や習慣に触れることで、自分の常識が通用しないことを知りなさい」という厳しいメッセージでした。

　そして最後に、「人生は自己覚知の連続ですよ」と優しく諭してくれました。それ以来、飽き性の私ですが、この恩師の教えだけはきちんと守り続けています。

自分の常識が通用しない体験

例えば、インドを訪問するまでは、答えがYESの場合は、どの世界でも首を縦に振る動作が当然と思っていました。しかし、驚くべきことに、インドでは首を横に振る仕草が常識でした。新しい体験は自分の常識がどれほど当てにならないかを教えてくれます。

こうした体験で習得した視点や能力は、そのまま聴く力❶である「相手の視点で物事を見るように」なり、伝える力⑤の「自分が考えていることを当然相手も知っていると早合点」しなくなることにつながります。なぜなら、自分の考えが常に正しいとは限らないと知っているからです。コミュニケーションを取る相手の立場や考え方をできる限り理解しようとしながら対話が進むので、相手は否定される不安感ではなく、受け入れられている安心感で心が満たされます。これが癒しのコミュニケーションにつながります。

まとめ

- これまでのパターンとは異なった行動にチャレンジしてみましょう。
- 新しい体験は、自分の常識がどれほど当てにならないかを教えてくれます。

04 無意識の抵抗に対応する

> **POINT**
> 無意識の抵抗に打ち勝つには、変わりたいという強い気持ちと揺るぎない決心が求められます。

ホメオスタシス（恒常性）が強敵

　心理学では、人の心の構造は意識と前意識と無意識があり、自分では気づかない無意識の領域が大きな働きをしていると考えています。

　無意識にはさまざまな機能がありますが、中でも心のホメオスタシス（恒常性）は人に大きな影響を与えています。ホメオスタシスとは、環境に変化が生じた時、その変化を元の状態に戻そうとする現象です。体内環境や心理環境を生存に適するように一定の状態に保つように働き、大げさではなく、心理的には、お金持ちはお金持ちのままで、貧困者は現状の貧困状態を続けようとします。

　つまり、無意識には、現状維持をしようとして、生じた変化を打ち消す働きがあります。心のホメオスタシスは、変わろうとする思考や行動に働きかけて、全力でブレーキをかけてきます。これが無意識の抵抗です。

心の抵抗を取り外す

　もし、あなたが今より成長して、自分が目指す理想のケアマネジャーになりたいのであれば、無意識の抵抗＝心の抵抗を取り外す必要があります。無意識は、「行動変容で成果の出るやり方に変えたい」「目指す目標に向かってチャレンジしてみたい」という自分の意思や気持ちに容赦なくプレッシャーをかけてきます。「今のやり方で悪くないから、しばらく様子をみよう」「難しそうだから、もう少

04 無意識の抵抗に対応する

し成長したらトライしよう」と巧みにささやいて意識下の戦意をなくし、行動を封じ込めようとします。そして、人は簡単に無意識の抵抗に従ってしまうのです。

禁煙や禁酒、ダイエットなどの行動をスタートしても、多くの人が結局挫折してしまう原因がこれです。心のホメオスタシスがもたらす現状維持の力には、強力なコミットメント（固い決意）とサポート体制で立ち向かいましょう。

強力なコミットメントの秘訣は、「決意をしたらすぐに実行する」ことです。間髪を入れず行動を始めることで決意がより固まってきます。逆に言えば、行動を始めない決意は決意ではないということです。

また、成功体験のある人を味方につけましょう。ピンチの時に助言をもらったり、進捗状況を定期的に報告する環境を作ることができれば容易に行動を止められないサポート体制となるでしょう。そして、この新しい行動が習慣になるまで継続できれば、成功は約束されたようなものです。

無意識の抵抗に対応できるようになると、自分に対する評価が厳しくなり、甘えや無責任な態度を許さなくなります。そうすると、聴く力❿の「実際には聴いていないのに、相手に対して聴いているようなふりはしていない」という言動に自然につながります。またコミュニケーションに真剣さや誠実さが増してくるので、伝える力⑦の「話している時、相手は自分の話にしっかり耳を傾けている」や、伝える力⑧の「自分が伝えようとしている内容を、先に相手に言われるような場面はほとんどない」という現象が生まれやすくなります。

- 無意識の心のホメオスタシスという働きは人に大きな影響を与えています。
- 元に戻ろうとするこの力には、コミットメントとサポート体制で対応しましょう。

05 習慣になるまで継続する

POINT
習慣化までのプロセスは自分自身とのコミュニケーションが中心。

習慣化の5つの原則

　目標を確実に達成するためには、強い決意を持ち続ける必要があります。しかし、前述した通り無意識の抵抗があり、簡単にはいきません。意思の力に頼り過ぎると、足元をすくわれる恐れもあります。

　継続するためには、その行動が無意識で行える状態に持っていくことです。つまり、無意識でもそれを行動に移せる状態＝習慣化させるのです。

　習慣化で必要なことは、第一に、意識してその物事を一定の期間、継続して行うことです。ある程度続けないと習慣にはなりません。習慣化までの期間は、その習慣の難易度によって変わりますが、ある研究によると平均して66日になるそうです。

　第二に、取り組む時間をあらかじめ決めることです。その時間になったら自然とそのことに取り組めるようになります。

　第三に、取り組む空間や場所に行くことです。行動よりも、とりあえずその場に行くことで、スイッチが切り替わり、その行動を始めるきっかけになります。

　第四に、簡単な実施記録を取ることです。カレンダーや手帳に○×をつけるだけでも視覚的な刺激から十分効果が期待できます。

　第五に、職場や友人の誰かに取り組んでいる内容を宣言することです。公表することで逃げられない状況ができます。嘘つきにならないように信用を保つ努力をするからです。

図表3-4 習慣化の5つの原則

1） 意識して一定期間行う
2） 取り組む時間を決める
3） 取り組む空間や場所に行く
4） 実施記録をつける
5） 職場や友人、家族に公表する

継続は力

　習慣化までのプロセスは、自分自身との対話が多くなり、肯定的な自分を見つけ出し磨きをかける時間になります。そして、継続することはそのものが力です。達成感や自信が手に入り、自ら作った習慣によって人生も仕事もコミュニケーションも違ってきます。

　習慣化が身につくと、聴く力❸の「話し合いの時、相手より多めに喋ってしまう傾向は低いほうである」傾向が高まるとともに、聴く力❼の「話し合いの時、相手が話し終わるのを待ってから、それに対する考えを言う」ことができるようになります。内省する力が高まり、コミュニケーションにゆとりが出てくるからです。これは、伝える力④の「自分が言いたいことを、すべて一気に喋るようなことはしない」ともリンクします。焦りや未完了はコミュニケーションの質を下げてしまいますが、習慣化行動によって克服することが可能なのです。

まとめ
・目標を確実に達成するためには、無意識でもそれを行動に移せる状態に進化させることです。
・取り組みの時間や場所を決めるなど数々の工夫を取り入れながら、確実に習慣化するまで継続しましょう。

06 やらないことを決める

> **POINT**
> やらないことの徹底によって、
> やることにエネルギーを集中できます。

やらないことの徹底で時間と空間にゆとりを生む

　自分のコミュニケーション力を磨くためには、やはり自分に厳しくなければいけません。何かを達成しようとする時、人は最初にやることばかりを決めがちです。しかし、そうではなく、実はやらないことを決めることが最優先です。やらないことを決めることで、時間と空間にゆとりを持てるようになります。

　例えば、新しい本を購入した場合、通常は書棚に置いて管理しますが、書棚が一杯で入れるスペースがない状態であれば、どのように対処するでしょうか。

　大抵は本棚の隙間に無理やり詰め込んだり、本の向きを揃えずに積み上げたりと、乱雑に整理されずに置かれることになるでしょう。そうなると、本を読む時間より、探す時間のほうが多くなるかもしれません。

　モノのマネジメントの観点から言うと、1年以上経過した専門雑誌や1年以内に読まれない書籍は残さないと決めて、思い切って捨てることです。そして、新しい書籍が入る空間を作ります。この時に、整理する時間を1回10分以上やらないと決めて取り組みます。やらないことの徹底で時間と空間にゆとりを作ります。

　書籍が来てから慌てて空間を作るのではなく、あらかじめ作った空間に新しい書籍を入れるほうが、誰の目から見ても合理的で効率的です。しかし、多くの人は最初に新しい本を買って、どこに仕舞うのか誰もわからない状態を作りがちなのです。

やらないことリストを作ろう

新しいことにチャレンジするには、まず捨てることです。徹底的に捨てることから始めましょう。捨てられない人は、もったいない、まだ使うかもしれないと主張しますが、その実態は厳しさから目を逸らして、決定することを先送りにしているだけです。

「捨てる」の次は、やることリストではなく、やらないことリスト（図表3-5）を作りましょう。一番必要のない仕事をやめる、会議は終了時間通りで延長しない、人の陰口や悪口は言わない、勤務中に間食しないなど、できることから取り組みましょう。

図表3-5 やらないことリスト

❶本棚は本を横にして積み上げない
❷相手の夢を否定し壊すようなドリームキラーにならない
❸机を整理する時間を1回10分以上はやらない
❹会議は終了時間通りに終了し延長しない
❺人の陰口や悪口は一切言わない
❻勤務中には間食をしない
❼数字を使わない報告はしない
❽嘘やいい加減なことは言わない
❾利己的な言い訳や反論は一切やらない
❿親しくなっても礼儀と明るさは忘れない
⓫相手が不快になるようなコミュニケーションはしない
⓬遅刻は絶対しない
⓭政党や宗教の良し悪しは言わない
⓮教えてやるという態度は取らない
⓯わからないことには即答しない
⓰他事業者や他施設の批判はしない
⓱上司の許可なく無断で残業はしない
⓲懇親会の時に一方的に話をするなどして会話の独占をしない
⓳仕事中は何があっても不機嫌にならない
⓴相手が話している時に話の腰を折らない

これらの一つひとつの行為が積み重なると、将来やりたいことややるべきことに対してエネルギーを集中させることにもなり、やることの効果を最大に引き上げる原動力になります。

　もちろんコミュニケーションにも大きな影響を与えます。自分への厳しさが増すことで、礼儀や規律を遵守できるようになるので、嘘やいい加減なこと、相手が不快な気持ちになること、他人の悪口、相手の落ち度を責めることなどは慎むようになります。利己的な言い訳や反論は一切しません。親しくなっても礼儀と明るさを忘れないコミュニケーションを自然と心がけるようになります。

　Win-Winの関係が身につくので、聴く力❽の「話し合いの時、相手と気まずい雰囲気になりそうな沈黙があっても恐れない」や、聴く力❾の「相手の言っていることがよくわからない時、問い返すことができる」、伝える力③の「相手に敬意を表したり、褒めたりするのが得意なほうである」という対等な関係でのコミュニケーションの特質が形成されます。関係性の中に「恐れ」よりも「敬意」を優先できるようになるからです。

まとめ

・人はやることばかりを決めがちですが、やらないことを決めることが大事です。
・やらないことの第一歩は捨てることです。徹底的に捨てることから始めましょう。

本物の学び

COLUMN 3

　私は20代の頃、週1回のペースでさまざまな研修に参加していました。にもかかわらず、経験の浅い私が実践でそのまま活用でき、それなりの成果を出せる知識や技術にはなかなか出逢いませんでした。それもそのはずです。講師の方が教える持論を臨床現場で自ら実践して、このようなアプローチをしたらうまくいった等という実績や体験談が語られない場合もあるからです。つまり、他人の請負情報です。臨床場面ですぐに役立つ考えができる講師は、机上の空論ではなく、理論と実践を結びつけるための失敗や成功事例のデータを多く持っている方ですから、講師のプロフィールや業績をチェックすることは大切です。

　運良くうまくいく方法を学ぶことができたとしても、自職場でその教えに基づく新しいやり方や実践を始めるには、周りからの反発や抵抗があったりします。また、成果の出る手法を完全に習得しているわけでもないので、見様見真似でやってみても必ず成功体験に辿り着く保証もありません。実際の成功への道はかなり険しいものです。

　経験の浅い援助職者が成果を出せない状態が続くと、自己肯定感は失われ、仕事の楽しさに触れることができません。その状態を周りの人に訴えることも難しく、最終的には、学んだやり方でなく、アレンジした自分のやり方が習慣化し、それも結局うまくいかなくなります。

　私自身もその経験者です。そこで、うまくいく考え方・やり方をマスターし、援助職者として独り立ちするまでは一環して一人の師匠から学ぶことに決め、スーパービジョンを定期的に受けるようにしました。さらに、大きな目標実現に向かって進むために一緒に伴走してくれるプロコーチを雇いました。おかげで、ぶれない専門性と目標に邁進するメンタルを維持しています。モデルとなる人たちによる強烈な影響を受けながら、「日々修行!」は続いています。本物の学びに出逢えたことに感謝です。

（山田友紀）

コミュニケーション力を磨く

07 思いと言葉と行動を一致させる

> **POINT**
> 思いと言葉と行動が
> 一致したコミュニケーションが
> 人の信頼につながります。

表面だけ繕ってもダメ

　何気ないコミュニケーションであっても、人は相手の発言の信憑性を常に判断しています。相手の言葉と行動が一致していることは判断基準の大きな決め手です。人のうわさ話は好きではないと言いながら、うわさ話をずっとしていたら、言葉と行動が一致していないので、その人のことを誰も信用しようとは思わないでしょう。コミュニケーションがうまくいかない背景にはこうした不一致があるのかもしれませんので自らを振り返ってみましょう。

　また、言葉と行動が一致していたとしても、必ずしも信頼を得られるわけではありません。一体なぜでしょうか。信頼を得るためには、言葉と行動と心のあり方が一致していることが重要だからです。いくら言葉と行動でその場を繕っても、その人の思いが一致していなければ、相手はその隠された思いを即座に見抜くものです。侮らないようにしましょう。

思いやりと感謝の気持ちをベースに持つ

　とはいえ、言葉と行動だけでなく、思いも一致させることは容易なことではありません。三つを一致させるには、常に周りの人への思いやりや感謝する気持ちをベースに持つことです。三つが一致している人は、「〇〇さん、いつもありがとう」「大変そうですね。お体は大丈夫ですか？」「私にお手伝いできることはありま

07 思いと言葉と行動を一致させる

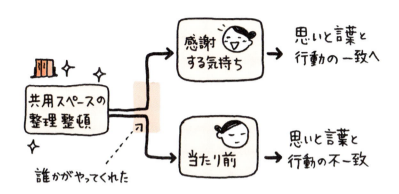

すか?」「いつも助かっていますよ」「あなたの存在は、私たちにとって刺激になっています」等の関係性の絆を強くする言葉が日常の会話の中に溢れています。

　感謝の気持ちがベースにあれば、言葉も行動も「ありがとう」で一致させることは比較的容易でしょう。こうした行動は最初は意図的・計画的であれ、真剣に続けていれば、次第に無理なく自然な形で思いが言葉になって交わされるようになります。そしてその言葉に行動が導かれていきます。

　最後に、感謝の気持ちをベースに持つ時に次のことを意識しましょう。感謝の対極にある気持ちは「当たり前」です。自分の期待することが目の前にで起こることは当たり前だと思ってしまった瞬間に感謝する気持ちが消えてしまうでしょう。どんなことも当たり前と思わない姿勢が大切です。

　このような質の高い取り組みを実践していると、伝える力⑥の「相手が自分の言っていることにどのように反応しているか、相手の表情や態度から読み取るよう努力している」や、伝える力⑨の「自分の話す声のトーンや大きさにも注意している」等の能力が高まってきます。思いと言葉と行動が一致するコミュニケーションを取っているか、そのアンテナを常に立ててチェックしているからです。

> ・発言の信頼度は思いと言葉と行動が一致しているかどうかにかかっています。
> ・感謝の気持ちをベースに持って一致させましょう。

08 自己基盤を強化する

> **POINT**
> 自己基盤は定期的なメンテナンスが必要です。
> 日常的な努力によって強化していきましょう。

自己基盤の強化は未完了を完了させること

　自己基盤とは一人ひとりが持つ「自分の言動の根幹にある行動指針・基本理念」だと捉えるとします。この自己基盤が脆弱だと、他人の言動に振り回されたり、自信が持てなかったり、行動がぶれたりします。これでは、良好なコミュニケーションは取れません。つまり、自己基盤を強化することがコミュニケーションの強化に直結するのです。

　自己基盤を強化するには、自分の心身がベストな状態であることが重要です。具体的には、健康、仕事、経済状態、人間関係などの各領域に未完了がなく、できるだけ100％できている状態であるということです。

　未完了とは、やろうとは思っていながら、まだやっていないことです。あるいはやめようと思っていながらやめていないことも含まれます。過去の出来事の中で、何か引っかかっていることがあれば、それらもすべて未完了です。こうした未完了のものを完了にしていくことが自己基盤の強化につながるのです。

水を注ぐ前にバケツの穴を塞ぐ

　未完了を抱えた状態でのコミュニケーションと、未完了がクリアになった状態でのコミュニケーションの質は全く違うものです。多くのケアマネジャーのコミュニケーションの問題に、この未完了の数が大きな影響を与えています。

08 自己基盤を強化する

3 コミュニケーション力を磨く

　穴の空いたバケツにいくら水を注いでも、水漏れは止まらず、何度も繰り返し水を注がなければなりません。バケツの穴の存在に気づかなければ、同じ場所で同じ行動を繰り返すだけで、全く進歩がありません。水漏れをしている状態では、自分の未完了に気を取られて、１００％のエネルギーを注ぐことはできません。当然相手とのコミュニケーションが疎かになります。そこで、バケツの穴に気づき、穴を塞ぐ行為が、まさに未完了の完了となります。

　自己基盤が強化されたコミュニケーションでは、伝える力①の「伝えたいことがそのままスムーズに言葉にできる」ようになります。自己基盤が強化されることによって、自他共に信頼感が高まり、自分がぶれなくなりますので、伝えたいことをそのまま伝えられるようになるのです。

・自己基盤の強化がコミュニケーションの強化につながります。
・未完了を完了させることで、自己基盤は強化されます。

まとめ

コミュニケーションを根底から鍛える COLUMN

　かつて私が受けた数多くのトレーニング法の一つに、面接場面のロールプレイをその場でビデオに録画し、それを再生しながらスーパービジョンを受けるというものがありました。これは今ここでの現実の自分の姿に嫌でも直面するので、新たな気づきや発見が多くもたらされる方法であることは間違いありません。まさに成果が上がる貴重な取り組みです。

　とはいえ、経験の浅い援助職者にとっては、同席している仲間や先生たちを前にして恥ずかしいやらつらいやらで、心労感が相当きついトレーニング法でした。

　具体的には、面接時における対話の進め方や反応した言葉の選択の適切性等がスーパーバイザーから評価されました。また、非言語コミュニケーションにおける私の特徴や、表情と言葉がどれだけ一致しているか等のコメントもとても参考になりました。

　中でも、その後の自分の仕事やプライベートシーンの中で大いに役に立ったのは、その時のスーパーバイザーや仲間の援助職者たちのコミュニケーションの取り方です。

　決して一方的な指摘や助言に終わるのではなく、私の理解度に応じた完了感のあるやり取りを徹底していました。例えば、「この15分間の面談で86回『えーと』という言葉を発していましたよ。無意識に言ってるとは思いますが、聴き手の立場ならちょっと気になるかもしれませんね。どう思われますか？」と双方向の関係性で完了感のある対話を通してかかわってくれました。

　しかし、一般的なトレーニングでは、一方的なアドバイスになってしまうのが主流です。「『えーと』ばかり何度も言うのは、相手を不快にさせる悪い口癖だよ。早く直したほうが良いよ」と頭ごなしに指摘されても文句は言えませんが、どことなく自分が悪く責められている感じがして、ダメージが大きなメッセージです。

　面接技術は普段から使っているコミュニケーション技術がその根底にあることを忘れてはなりません。

利用者や家族との対話、多職種連携で活かす技術

4

CONTENTS

01 やる気や行動を引き出すコミュニケーション
02 コーチングの活用―コーチングとは何か―
03 ティーチング・カウンセリング・コンサルティング
04 よく「聴く」ことで相手を自ら動かす
05 相手を成長させる「認める」力
06 相手の行動を変える「質問」の仕方
07 うまくいかない時の切り札はストレートな「要望」
08 普段の会話にコーチングを取り入れる

01 やる気や行動を引き出すコミュニケーション

POINT
やる気を引き出すコミュニケーションのきっかけとして「コーチング」を活用します。

高齢期の喪失体験をわきまえる

　利用者や家族の置かれた生活をあらためて直視すると、日常生活における数々の喪失体験で何らかのショック状態をずっと引きずっている状況が見えてきます。高齢期は価値ある大切なものを連続して失っていく時期だからです。身近な人の死があり、これまで果たしてきた役割や健康がある日突然失われていきます。短期記憶やADLが低下し、これまで一人でできていたことにも制限がかかり、誰かの手助けなしではこれまで培ってきた生活が継続できなくなってしまいます。
　私たちが援助対象としている利用者の多くは、そのような心が挫かれ将来への希望が断たれたと思っている方々です。「もう放っておいてくれ」「早くお迎えが欲しい」などの言葉が利用者本人の口から出てくるのも十分頷けます。ですから、安易に「頑張れ」と励ますつもりで投げかけた言葉が、不本意にも反発を買い、逆効果になってしまった体験を持つ人が少なくないかもしれません。

やる気が低下している人へのかかわりを考える

　しかし、ケアマネジャーは自立支援やQOLの向上に向けて、援助を展開していく必要があります。このような時にどのような対話を利用者と交わせばいいのでしょうか。ケアマネジャーの揺るぎない姿勢の一つは、家族と共に利用者の尊厳や福利を追求することであり、何事があっても援助職者として最後までその追

及を諦めないことです。

　援助関係における最初の一歩は、ソーシャルサポートの一員として、利用者からの負の影響に巻き込まれないこと、そして、利用者のモチベーションを上げるための地道な対話を続けることです。

　やる気は人から与えられるものではなく、その人の内側から引き出すもので、コーチングスキルを上手に活用することで、劇的な変化ではないにせよ、やる気を引き出すことにつながっていきます。

　例えば、利用者から「もう放っておいてくれ」と言われた時に、通常は「みんなで応援しているから頑張ってください」等の励ましのかかわりをするものですが、コーチングスキルを活用すると、「すべてを投げ出したくなるような、いたたまれないお気持ちなんですね。あなたのお気持ちがとても気になります。もし私でよければ胸の内を詳しくお話ししてもらえませんか？」となります。利用者の内側にある気持ちや考えを引き出し、それを丁寧に傾聴することで、やる気が出てくるようにアプローチします。このようにケアマネジャーが利用者や家族のモチベーションを上手にサポートしていくコーチングを活用したコミュニケーションを行うことで自立に向けた行動変容へとつながっていくのです。

図表4-1 やる気につながるアプローチ

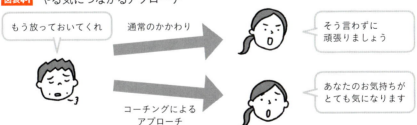

- 高齢期は喪失体験の連続。
- 喪失によってモチベーションが低下している人とのコミュニケーションにコーチングが活用できます。

02 コーチングの活用
―コーチングとは何か―

POINT
人はティーチングだけでは動かないもの。
コーチングの適切な活用が、利用者や家族、
地域住民や多職種のやる気を引き出します。

自ら考え、選び、行動することを支援する

　コーチングとは、相手から解決策を引き出して、相手を育成・成長させるスキルのことですが、その本質は、一方通行のただ「教える」コミュニケーションではなく、「質問し」「考えてもらい」「引き出し」「共に歩む」双方向のコミュニケーションであるということです。答えを教えるのではなく、どうすればうまくいくかを問いかけてアウトプットする対話がコーチングと呼ばれるものです。

　その基本構造は、「目標」と「現状」をそれぞれ明確化した上で、その２つの間にある「ギャップ（溝）」について分析し、そこを埋めるために具体的に何をするか、何ができるかを発案してもらうことです。溝の原因がわかると人は自然にそれを埋め合わせようとする力が働き、行動に導かれます（図表4-2）。

　また、人を動かすことが得意な人は、「質問」「傾聴」「承認」「要望」の４つのスキルを自然に応用していると言います。このシンプルなスキルの活用によって、目標に対して、自ら考え、選び、決めて、行動し、結果を出すことが可能となります。こうした行動変容によって自己肯定感が高められるので、相乗効果でモチベーションも上がります。

　また、コーチングの自ら考え、選び、行動することを支援するという考え方は、ケアマネジャーの自立支援、意思決定支援に通ずるものとも言えます。その意味でも、高齢期の喪失感を抱えた人々の自立支援のために、コーチングスキルの応用はケアマネジャーに求められていると思われます。

図表4-2 コーチングの基本構造

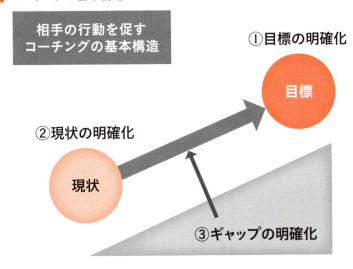

オートクラインの活用

　コーチングがやる気を高める理由の一つに、「オートクライン」（図表4-3）という現象を起こすことが挙げられます。これは、自分で話した言葉が自分自身に作用するという現象です。当たり前のことですが、自分で話した言葉は相手だけでなく自分自身でも聴いています。

　私たちの思考は会話の200倍から300倍ほどのスピードで動いていると言われており、思考のすべてを認識できません。声に出して話しそれを自分自身で聴くか、アイデアをメモ帳などに書き出して初めて認識することが可能です。ですから、思考を口に出すことが大切なのですが、それに加えて、誰かに指摘されるのではなく、自ら認識して気づくほうが、やる気やモチベーションを上げるためには有効なのです。

図表4-3 オートクラインの仕組み

コーチングのオートクライン

自分で話した言葉が自分自身に作用すること。
新しい気づきや発想を得ることが可能となる。

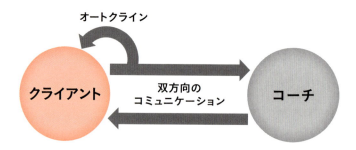

オートクラインを引き出すコミュニケーション

ケアマネジャー

> カラオケ教室の生徒たちから本当に愛されているんですね。

利用者

> ありがたいけど、こんな半身麻痺の身体になって複雑な気持ちだよ。

> 複雑ってどういうことですか？

> 俺はこんな身体になって、生徒の前に出ることは二度とできない。教室はもう止めようと思っているんだ。

> 生徒さんたちはきっとがっかりするでしょうね。

> だから複雑なんだよ。俺もがっかりだよ。

> これまでカラオケ教室を運営してきた理由は何ですか？

02 コーチングの活用

4 利用者や家族との対話、多職種連携で活かす技術

利用者
あらためて理由を問われても、答えにくいなぁ……。

ケアマネジャー
今頭に浮かんでいるものでいいですよ。

歌っている時は、楽しいんだよ。一番自分らしく思える。これは確か。

ご自身が楽しいんですね。では、なぜ生徒さんたちは教室に集まってこられたんでしょう?

自分が上手くなりたいからじゃないの?

他に考えられる理由は?

……そういえば、俺の歌が好きで、聴いていると幸せな気持ちになると言ってくれた生徒がいたな。

先生の歌声は、聴いている人を幸せにするんですね。

本当だね、幸せにするんだね。

- コーチングとは、「質問し」➡「考えてもらい」➡「引き出し」➡「共に歩む」、双方向のコミュニケーション。
- 「オートクライン」を起こすことがやる気増強のカギとなります。

03 ティーチング・カウンセリング・コンサルティング

POINT
相手の状況を考慮しながら
コミュニケーションを使い分けましょう。

さまざまな手法を知る

　コミュニケーションに活用できるスキルはコーチング以外にも「ティーチング」「カウンセリング」「コンサルティング」などがあります。これらは、それぞれ用途が異なります。コーチングとの比較でみていきましょう。

　コーチングとティーチングの違いは端的にいえば、「問いかけて引き出す」か「教える」かの違いです。ティーチングは相手に対して「こうすればうまくいく」という情報等をインプットすることで、コーチングは相手の中にある「どうしたらうまくいくと思うか」という情報等をアウトプットさせることです。

　ティーチングは、新しいことを学ぶ上ではとても重要な技法ですが、ティーチングが向いているのは、仕事の進め方等を知らない新任者など知識や経験が少ない人にかかわる時です。大勢の相手に対して情報伝達する講義等にもティーチングは適しています。

　次に、コーチングとカウンセリングの違いです。両方ともに問題解決を目指しますが、カウンセリングは「主に心理的な問題」を扱い心理療法を用いて問題解決を行います。カウンセリングの焦点は、現在の悩みやトラブルの原因を過去に遡って、深層心理から探っていくアプローチです。一方、コーチングの焦点は、未来にある目標からアプローチして「現在の問題をどのように解決し、目標を達成するか」になります。

　カウンセリングは、バーンアウトや燃え尽き症候群などで自信喪失している人

にとって手助けとなる有効なコミュニケーションスキルです。利用者と共に過去を客観的に振り返り、さまざまな事実について深く掘り下げます。

最後に、コーチングとコンサルティングの違いは何でしょうか。前述した違いの軸で表現するなら、「問題点を指摘して最適解に導く」のがコンサルティングで、「問題解決のための方法を問いかけて引き出す」のがコーチングです。コンサルティングは、主に企業や組織の問題を扱い、専門家の立場から利用者に問題を指摘し、軌道修正して良い方向へ指導をする際に有効なスキルです。

手法を使い分ける

コーチング、ティーチング、カウンセリング、コンサルティングなど、さまざまなコミュニケーションの手法があります。これらに優劣の差はありません。ただ、ケアマネジャーとして相手の状況を考慮しながら使い分ける必要があります。

それぞれ活用場面は図表4-4の通りです。このように、各機能が十分に発揮されるような場面で活用することが重要です。なぜなら、コミュニケーションのミスマッチは、目標達成を遅らせることにつながり、相手に不信感とダメージを与えてしまうからです。

図表4-4 手法の使い分け

コーチング	ティーチング	コンサルティング	カウンセリング
利用者や周囲の人のやる気や行動意欲を引き出す	新人指導や新しい分野の学習	管理者教育や事業所の変革	精神的に問題のある利用者やバーンアウトの恐れがあるケアマネジャーへのかかわり

> **まとめ**
> ・「コーチング」(問いかけて相手の中の答えを引き出す)「ティーチング」(知識を教える)「カウンセリング」(心理的な問題の原因を特定する)「コンサルティング」(問題を指摘し指導する)の効用を理解して使い分けるのが大切です。

4 利用者や家族との対話、多職種連携で活かす技術

04 よく「聴く」ことで相手を自ら動かす

> **POINT**
> 傾聴のイメージは、千手観音です。
> 千本の手を広げて、相手からのメッセージを
> 漏らさず受け取ります。

傾聴するとは

　ここからはコーチングの根幹スキルである「質問」「傾聴」「承認」「要望」について解説していきます。まず、コミュニケーション力のベースとも言える「傾聴」についてです。すでに第1章05でも述べましたが、言葉だけでなく、言葉に乗せられた感情も含めて相手のメッセージを漏らさず受け取るのが「傾聴」です。

　言うまでもなく、ケアマネジャーが地域の中でケアマネジメントを展開していく際には、利用者本人や介護者家族、主治医、サービス提供機関、地域住民などに対するコミュニケーション能力は決して欠かせません。特に「聴く」能力は最重要スキルです。そのことを皆さん認識されているにもかかわらず、実際には「聴く」という行為について本当に理解し実践している人はごく僅かです。繰り返しになりますが、「聴く」「傾聴する」とは、相手が何を伝えようとしているのか、あるいは、その言葉に込められた気持ちや、言葉の周辺にある本当の意味は何なのかを脳で聴き分け、正しく理解することです。

よく聴くことが相手を自ら動かす

　具体的にはどういうふうに聴けばよいか、ですが、「集中して聴く」「客観的な事実と主観的な事実を聴き分ける」「早急な判断をしないで聴く（まずは判断せずに聴く）」「事前情報に左右されないで聴く」「確認しながら丁寧に聴く」「正しく

図表4-5 「よく聴く」ための10か条

1	話を聴くための時間を十分に取り、相手が話しやすい環境を整えて聴く
2	相手の話には別のことを考えないで100％集中して聴く
3	事前情報に左右されないで聴く
4	「でも、しかし」などの言葉で相手の話をさえぎらずに最後まで聴く
5	「優しい視線や頷き」など肯定的なノンバーバルメッセージを出しながら聴く
6	客観的な事実と主観的な事実をしっかり分けて聴く
7	早急な判断をしないで聴く
8	自分の感情をコントロールしながら客観的に聴く
9	沈黙の瞬間も大切にしながら聴く
10	正しく聴けているか相手に確認しながら聴く

聴けているかを相手に確認しながら聴く」等です。こうした能力が上がれば、利用者本人等に自分の考えや気持ちを自由に話してもらうことができます。相手の個別的状況や課題、考え方や感じ方、価値観などについて深く知ろうとするケアマネジャー側の姿勢が相手に伝わるからです。そこには独りではないという安心感を与え、信頼関係の基盤作りに結びつきます。図表4-5に「よく聴く」ための10か条をまとめました。

支援困難な要因はケアマネジャーの傾聴不足

　利用者のAさん（74歳、女性、要介護1）は、気難しい利用者というレッテルを貼られており、ケアマネジャーも短期間で何人も交替していました。新しく担当となったケアマネジャーは、これまでの事前情報に左右されず、偏見を持たずにAさんの話をきちんと聴かせてもらえるように初回面接の時にお願いしました。
　1時間半の面談で語られた内容は、医師の生活指導に従わない理由、ヘル

パーの好き嫌いがある理由、親友に裏切られ2,000万円の借金を背負い10年で返済したこと、関節リウマチによる激痛の度に真剣に死にたいと考えていること、交通事故で亡くした息子のアルバム写真を今も宝物のように大切にしていること、これまでのケアマネジャーは何を訴えても聴いてくれず批判的であったこと、印鑑さえもらえたら会話もなく逃げていくような態度であったことなどでした。

本人から語られる一切の話を最後まで腰を折らずに一生懸命聴きました。そうすると、Aさんの険しい表情が次第に柔らかくなって、「この5年の暮らしの中で、あなたが一番私の話に耳を傾けてくれた人。時間を取って悪かった。また来て」と面接の最後に言ってくれました。その日以来、サービス拒否の姿勢が解けてきて、生活の中で冗談を言ったり、笑顔になるシーンが増えていきました。

頑なな態度の利用者側に支援困難の要因を求めることがありますが、実はその原因の多くは、ケアマネジャー側のコミュニケーション不足、傾聴不足が見え隠れしているのです。

まとめ
- 利用者や家族が自分の考えや気持ちを自由に話せるかどうかは、「聴く」能力次第です。
- 問題解決の主役はあくまでも利用者本人や家族です。

すべてのことはいつも自分発

COLUMN 4

利用者や家族との対話、多職種連携で活かす技術

　子どもの頃から私の成長を願う周りの人たちは、「それをしなさい！あれはだめ！！」「教えたやり方でちゃんとやってね！」「何故そのようなことをするの？」と言って指示的に一歩踏み込んでかかわってくれました。私に好意的な人ほどその傾向は強かったように思います。

　それが当たり前で、普通のことになっていたので、自分自身も人を育てるには相手のために一方的になったとしても必要な助言をするのが正しいことだと信じていました。

　それが、コーチングを学びコミュニケーションの中に取り入れるようになってからは、これまでにない対話が交わされるようになりました。「あなたが達成したい目標は何？」「目標達成に向けてあなたが取り組もうとしていることは、具体的にはどんなことですか？」「あなたはその目標に向かっているプロセスを楽しんでいる？」「君のしていることはおもしろそうだね！」という相手の中にあるものに問いかける言葉や、ありのままを受け入れる関心のメッセージが対話の中心になり、私のコミュニケーションのパターンが変わりました。

　私がコーチングを受けている時間は、クライアントである私がほとんど話をし、コーチは聴き役に徹しています。そのようなコミュニケーションの中では、自分でも驚くような発言や自らの気持ちに気づいたりします。

　コーチングは、自分が決めたこと、自分の目標や夢に対するイメージを常に忘れさせません。目標達成を諦めさせないのです。なぜなら、コミットメントした行動がどうなったかをコーチは定期的にチェックするからです。この仕組みが確実に目標実現に向かわせます。行動変容に対する気持ちがたとえぶれたとしても軌道修正が可能です。

　コーチングを知ってから「すべてのことはいつも自分発」です。自分の言動に責任を持ち主体性を求めるコーチングは、人を伸ばすコミュニケーション技術であると実感しています。

（山田友紀）

05 相手を成長させる「認める」力

> **POINT**
> 「承認」は相手のことを
> ありのままに認めることで、
> 安心感を生み、主体性を引き出します。

変化や成長に気づいて認める

　有能なケアマネジャーは、相手が誰であれ、その変化や成長にいち早く気づき、肯定的な事実をそのまま相手に伝えることができます。これを「承認」と言い、相手のやる気や達成感を高めることになります。

　相手に真の成長をもたらす「承認」のためのステップは、❶注意深く事実を見つける、❷その事実を言語化して伝える、❸伝えた後の相手の反応を観察することです。

　相手を「認める」ことには、「相手の存在を無条件に認める承認」（存在承認）と「相手の違いや成長を伝える承認」（成長承認）の２つの視点があります。これらを意識して使い分けましょう。

　存在承認は、普段の何気ない会話にも意識的に取り入れることで成果を期待できます。例えば、「挨拶する」「名前を呼ぶ」「目線を合わせる」「約束の時間を守る」「感謝する」「誕生日を覚えている」「呼ばれたら顔をそちらに向ける」「家族を気遣う」といったことですが、こうした相手の存在に気づいていることを伝える承認は、こまめに、継続的に行うことで効果が高まります。

　一方、成長承認は、相手の成長を褒めるのではなく、事実を事実としてできたことをあるがままに認めます。大事なのは観察とタイミングで、普段から相手をよく見ていないとできません。例えば、「役所まで歩いてくることができましたね」「今日の約束も時間どおりですね」「短期目標を達成しましたね」などです。

ここでは、変化や成長に気づくことがとても大事です。加えて、認めた後に相手がどのような反応を示すかも観察しましょう。承認の後の相手の言葉、声のトーン、表情やしぐさの変化、その後の行動の変化を見て、相手のやる気が上がったかどうかを判断します。効果的な承認ができるようになるために、相手の反応をしっかり見ておきましょう。

「褒める」ではなく「認める」

褒める・称賛もやる気を上げるために効果的ですが、例えば「役所まで歩いてくることができて『良かった』ですね」「今日の約束も時間どおりで『さすが』ですね」「短期目標を達して『凄い』ですね」のように、結局のところ「良い悪い」という評価なので、褒められた側にとって、いつも良い評価を得なければならないというプレッシャーになりかねません。「褒める」を多用すると、この褒めてくれる相手から良い評価を得たいという気持ちが強まり、利用者と援助者の対等な関係を崩しかねません。ですから、基本的にはありのままに「認める」ことを意識していきましょう。

> 褒める➡いつも褒められたい➡対等な関係が崩れる➡依存心が増し適切な援助ができない
> 認める➡安心感が生まれる➡やる気が向上する➡主体性が増し生産的な援助展開になる

まとめ

- 承認には存在承認と成長承認があります。
- 認めるとは、肯定的な事実をそのまま相手に伝えることです。
- 褒めるの多用は控え、認める（承認）ことを意識しましょう。

06 | 相手の行動を変える「質問」の仕方

> **POINT**
> ギャップの存在を明確にし、相手に現状維持への不安を感じさせることで行動を変える「質問」が効果的。

効果的な質問

　質問によって新しいアイデアや行動を引き出すためには、単にわからないことを聴いたり、質問する側が知りたい情報を手に入れようとするのではなく、質問で、相手の視点を広げ、オートクラインを起こさせるプロセスを踏みます。

　例えば、「お金がない、時間がない、やる気が起こらないなどの制限が、もし何もなかったとしたら、あなたはこれからの人生をどのように過ごしますか？」「あなたが正しいことに何の疑問も持ちませんが、そこを100歩譲ってあなた自身に何らかの原因があるとしたらそれは一体何でしょうか？」などの質問ですが、これはあくまでも一例に過ぎません。

　ケアマネジャーは、相手が置かれている状況を的確に判断し、今ここで最も「効果的な質問」とは何かを常に意識しておく必要があります。効果的な質問とは、相手の行動に影響を与える質問です。それが適切にできると、相手の行動を変える可能性があり、本人さえも気がついていない可能性や価値ある情報を引き出すことができるかもしれません。

問題解決に焦点を当てる

　人は基本的に現状維持を望む動物です。行動を変えるのはよっぽどのことで、行動変容を起こすためにはいくつかの条件が必要です（図表4-6）。我々のかか

図表4-6 人が現状を打破し行動を変えるのに影響を及ぼす要因

- 現状に対する不安(ギャップを埋めるために自然と動きたくなる)
- 業務上の命令(本人の意思に関係なく行動を変えるしかない)
- 一緒に行動する仲間の存在(周りと行動を合わせることで不安が軽減する)
- 転居や転職等の環境変化(一つの変化は他の変化を生み出す)
- 魅力的な報酬(人はお金で動く)
- 避けられない脅し(恐怖によって人は支配される)
- 余命の宣告(人はやり残したことを完了するよう動き始める)
- 愛情対象の喪失(人はショック状態から抜け出そうとする)
- 名誉やプライドの防御(人は周りからの信頼や評判を落としたくない)
- 大切な人やモノの存在(人は守るべきものがある時に強くなる)
- 復讐心(見返してやりたいという強い意志が人を動かす)
- 健康志向(健康や若返りのためには人は何でもする)
- 難易度(難易度が高いほど燃える、あるいは難易度が低く簡単にできるならやる)
- アイデンティティの重要性(自分は必要とされる人間だと証明するために動く)
- 惹きつけられる夢や目標(是が非でも叶えたいと人は熱心に行動する)
- 知識(人は自分の知らないことを知ろうとする)
- グルメ志向(美味しいものを食べるために動く)
- 性(性的欲求を満たそうとするエネルギーは隠されている分侮れない)

わりを考えた時に最も取り組みやすいのは、相手が現状に不安を覚え、「変わらなければ」と思わせることです。ここでは、そのように思わせるような質問が、効果的な質問だと定義します。

具体的にどうするかですが、現状ばかりに質問を集中させると、不満と不平の数々を列挙することになります。課題はわかってもそこで終われば行動は起こりません。目標を定め、現状とのギャップが明確になると、このまま現状維持する

ことが不安になり、問題解決モードにシフトしていきます。

相手の行動を変える質問の例

　昔、若くして脳幹出血で障害をわずらったBさん（49歳、男性、要介護1）の職場復帰の援助をしたことがあります。会社の理解もあり、片手でも操作できるパソコンを扱う仕事に戻ることができました。しかし、しばらくすると、会社の上司の悪口や会社への不満をぶちまけることが多くなってきました。とあるモニタリング訪問での会話です。

　相手の行動を変える効果的な質問には、必ず視点を変える要素があります。現状の自分の姿をありのまま見ることで、その不安が問題解決のエネルギーに変換していきます。

ケアマネジャー

Bさん、もう社会復帰して半年経ちましたね。奥さまの協力もあって、日常生活のみならず、会社でもよく頑張ってこられました。

利用者

ありがとう。自分でもよくやっていると思いますよ。しかし、会社の人間は全然自分のことを理解してくれない。障害者に対する偏見もあるし、自分の提案を聴こうともしない。やってられないよ、本当に。

面談の時間のほとんどが愚痴や不平不満のオンパレード。ずっと聴き役に徹した後で、一つの質問を投げかけました。

ところで、Bさん。一つ質問していいですか？　今の会社の社長や上司、同僚の人たちは、Bさんの人生における成長のためには必要な人ですか？

おっ、それは……。必要な……人たちだよね。(苦笑)

それでは、私はBさんの主張が正しいことに何の疑いも持っていませんが、そこを100歩譲ってBさん自身に何らかの原因があるとしたらそれは一体何ですか？

自分に原因ね、そうだね……。普通の会社なら、こんな障害者クビでしょ。それを受け入れてくれている会社なんだから、もっと私に感謝の念がいるでしょうね。不平ばっかり言っている自分がいるからね。……そうか、一番障害を受け入れていないのは、会社ではなくて、自分自身なんだ。それに気づいたよ、今。

06 相手の行動を変える「質問」の仕方

ケアマネジャー

その気づきを行動に移すとしたら、どんなことができそうですか？

利用者

愚痴とか言ってる場合じゃないな。自分の障害に甘えていないで、会社の利益に貢献できるような戦力になることだよね。することがたくさんあるな。

　一番障害を受け入れていないのは自分だと気づいたBさんは、その後のコミュニケーションの質が変わりました。不安や不満は影を潜め、感謝や提案の言葉が大半を占めるようになりました。特にBさんの奥さんに対してねぎらう言葉が増えました。

　時々愚痴が出てくることはありましたが、上司や会社に対してではなく、Bさん自身の不甲斐なさに対するものでした。

　現状の自分のまま仕事を続けることに不安を感じたBさんの行動変容がきっかけで、以前のような良好な人間関係を取り戻すことができました。

> - 相手の行動を変える効果的な質問とは、相手が現状に対して不安を覚える質問です。
> - 目標と現状とのギャップが明確になると、現状維持が不安になります。
> - 相手を問題解決モードにシフトさせる質問を考えてみましょう。

4　利用者や家族との対話、多職種連携で活かす技術

07 うまくいかない時の切り札はストレートな「要望」

> **POINT**
> 時には、率直に、要望を毅然と伝えることも大切。
> それが相手の心に火をつけます。

うまくいかない時の切り札

　相手を行動変容に導けるかどうかがコーチングの価値を決める基準です。相手が望む行動を取らないということは、厳しいかもしれませんが、こちらに十分なコミュニケーション力が備わっていなかったと捉えましょう。自分の「聴く能力」や「質問する力」「認める力」を再点検してみてください。

　こちらの問題ではなく相手が無意識に作っている壁や枠が原因で、新たな思考や行動にブレーキがかかる時も多々あります。そうした時にブレイクスルーを起こすきっかけを作り出すのが「要望」です。これは相手を大きく成長させるために効果的なスキルです。目標を達成しない時や、約束に対するコミットメントの低い時が活用のタイミングです。ここで必要になるのが、今ここで伝える勇気です。

　また、要望のスキルはいつでも使えるものではなく、相手との信頼関係が十分に構築されていることが前提としてあり、さらに使うタイミングが重要です。使いどころを間違えなければ「要望」は、ケアマネジャーにとって、これまでのコーチングスキルを活用仕切った後の切り札的なスキルとなるでしょう。

「要望」のスキルのポイント

　要望のポイントは、相手の行動を起こす可能性をより高めるために、相手に行

07 うまくいかない時の切り札はストレートな「要望」

動のリクエストをストレートに伝えることです。相手の考えや気持ちをとことん引き出し、相手が行動に移してみると宣言した会話の直後に、普段とは違う低く落とした声と真剣な眼差しで「必ずやってください」「何が起ころうと絶対に達成してくださいね」と直接的にリクエストすることです。この行動に関してはいかなる言い訳や反論も受けつけないことをここで明言します。

この時、脅すことや媚びることは逆効果です。「やりなさい」などの命令口調や、「できるかな？」などの相手を試すような言い回しも厳禁です。こちらの要望を率直に毅然と伝えましょう。そのことが行動に対する意識を瞬間的にぐっと高め、前向きな表情を生み、「やってやるぞ！」という気にさせるのです。そんな相手の心の声が聴こえたら成功です。

要望が功を奏した例

介護保険制度が開始されて間もない頃、調子がよく、お願いしたら何でも「ハイ、ハイ」と明るく受け入れる利用者がいました。Cさん（77歳、女性、要介護1）は、糖尿病と合併症を患いながらも、一人暮らしを20年以上続けていました。

短期記憶障害が少し見られていましたが、生活には大きな支障がなく、ヘルパーや隣人の方々の支援を受けて過ごしていました。

　しかし、1日2キロの歩行運動、1日1,400キロカロリーの食事摂取、1日1,500mlの水分補給等の生活指導をきっちり守れないでいました。合併症を進ませないためにも、周りの専門職があの手この手でアプローチを繰り返していましたが、口ではやると言いながら行動が続かず一定の成果には至りませんでした。

　ある日、通院先で親しくしていた糖尿病の友人が寝たきり状態になったことを知りました。Cさんはそれがかなりショックだったようで、生活指導で言われていた日課を守りたいと申し出てきました。

利用者

先生から言われている運動とか、私今度こそは続けてやろうと思います。

ケアマネジャー

 その決意はとても嬉しいですよ。全力でサポートしますからね。でも、急にどうしてその気になられたのですか？

ご近所の奥さんがあれだけ元気そうだったのに、糖尿病が原因で突然寝たきりになってしまって……。まだ69歳で私より若いのに……。食事も自分で取れなくなったみたいで……。普段からきちんと生活を整えておかないとダメだと思ってね。それで今度こそは心を入れ替えてやってみます。

 そうだったのですね。今回は本気で取り組まれますか？

もちろん、私まだまだ元気で長生きしたいし、毎日努力します。早起きして歩くし、間食もしません。

 水を差すようですが、これまでの事実は、三日坊主が何回も続きましたね。習慣になるまで、どのように工夫をしようと思いますか？

日課をカレンダーの裏に大きく書いて張り出します。できたかどうかをカレンダーに○×を入れて、普段から目を逸らさないようにします。逃げたくなったらご近所の奥さんのお見舞いに行きます。

07 うまくいかない時の切り札はストレートな「要望」

ケアマネジャー

> それは良いアイデアですね。Cさん、今はどんなお気持ちですか？

利用者

> 不安もありますが、このままではダメだという気持ちが強いです。歳も歳だし背水の陣です。言い訳もしません。とにかくやってみます。

> （声のトーンを落とし真剣な眼差しで）Cさん、何が起ころうと必ず続けて、絶対に達成してくださいね。

> （しっかり目を合わせて、小さく頷きながら）はい。

　ストレートな要望で固い決意と約束をした交わした結果、Cさんは約束通りの行動を示してくれました。実は、最初の1週間はモチベーションが高かったのですが、次第に誘惑に負けるようになりました。しかし、モニタリング面談では、「Cさんは必ずできる」ことを伝え続け、寝たきりの友人のお見舞いをする度に決意を新たにしていました。

まとめ

- 相手が行動変容を宣言した会話の直後に、普段とは違う低く落とした声と真剣な眼差しで「必ずやってください」と直接的にリクエストします。
- 相手に前向きな表情が見られ、「やってやるぞ！」と心の声が聴こえたら成功です。

08 普段の会話にコーチングを取り入れる

> **POINT**
> やる気を引き出す目的以外でも
> 普段のコミュニケーションでコーチングの
> スキルが活躍します。

普段から意識してみよう

　常にコーチングを意識したコミュニケーションを心がけることで、利用者や家族だけでなく、職場の同僚や他事業所のケアマネジャー、関係機関の方々にも多大な影響力を及ぼし、貢献をすることにもつながります。またその積み重ねによって、ここ一番の大事な時に自然とコーチングを使えるようになります。

　具体的には、コーチングの基本構造である「目標」と「現状」とその「ギャップ」をそれぞれ明確化する対話の流れを作ること、そして、コーチングの代表的なスキルである「傾聴」「承認」「質問」「要望」を適切なタイミングと成果の出る手順で正しく活用できている状態を作ることです。

　運転免許を持っていてもペーパードライバーではその免許には何の意味もありません。それと同様にコーチングの構造やスキルを十分に理解したとしても、臨床現場で活用できなければ全く意味がありません。

　実際に自動車を運転し、何度もトライ＆エラーを繰り返しながら、頭と身体の両方を使い学習していくことで、自然と運転技術が向上していきます。コーチングも同様で、日常のコミュニケーションの中で、意図的に使い、何度も失敗を重ねながら、頭と身体で覚えていきます。それは仕事のあらゆる場面で意図的に使ってみることです。またプライベートなシーンでも、悪戯心やゲーム感覚でも構わないのでコーチングを取り入れたコミュニケーションにトライしてみましょう。最初は質よりも量が大事です。

失敗を重ねて身につける

　それに、トラブルや失敗を恐れていては成果が上がりません。成功すれば自信を得ることができますが、失敗すれば「それをするとうまくいかない」という体験を積むことができます。最初はぎこちなくても、コーチング・カンバセーション（コーチング手法に基づいた対話）にチャレンジし続けることが重要です。

コーチングを取り入れた例

　あなたが、居宅介護支援事業所内で、ある事例に関する相談を同僚から持ち掛けられた時の対話シーンを思い浮かべてください。

同僚

困ったよ。立ち上がりが大変なのに、ベッドを借りるのは本人断固拒否。手すりもダメ。状況がわかってないんだよね。このままだとまた転倒骨折するかもしれないのに。どうしたらいいものか……。

あなた

それは、長男さんを呼んでそこから説得してもらったらいいんじゃない。それか、主治医の先生から言ってもらったら聴くかもしれないよ。

　この対話に違和感のない人は、ティーチング形式のコミュニケーションが日常的になっているかもしれません。困っている同僚の問題を解決するのは、同僚ではなく、あなたになっています。いろいろな解決案を述べて役に立ててもらおうと思う、それ自体は悪くないのですが、同僚は本当に解決案を望んでいたかです。もしかしたら、ただ聴いてもらいたかっただけかもしれません。もしくは、自分で何とか解決するためのヒントが欲しかったのかもしれません。コーチングを取り入れると次のようになります。

同僚

困ったよ。立ち上がりが大変なのに、ベッドを借りるのは本人断固拒否。手すりもダメ。状況がわかってないんだよね。このままだとまた転倒骨折するかもしれないのに。どうしたらいいものか……。

あなた

ずいぶん困った状況みたいだね。話だけ聴くととても頑固な利用者に見えるね。一つ確認していいかな。その利用者はなぜ必要と思われるサービスに消極的なんだろう？

　このような問いかけは同僚の援助の視点を広げることになります。問題に対する新たな発見があるかもしれません。少なくとも同僚の援助者としてのアセスメント力を磨くチャンスになるでしょう。お互いが生産的な関係を築くことになります。

　関係機関との対話でもコーチングは有効です。特に医療職からの専門的な見地を引き出すのにとても役に立ちます。

08 普段の会話にコーチングを取り入れる

あなた
先生のご意見をお聴かせくださいますか。

主治医
誤嚥性肺炎に対する予防が重要です。寝たきりにならないよう離床を心がけてください。また水分補給を欠かさず、口腔ケアも毎日しっかり取り組んでください。

先生、ありがとうございます。今の3点については確実にケアプランに反映させたいと思います。それから、基本的な質問で申し訳ありませんが、もう一つお教えください。病気の予防だけでなく、今以上に健康状態を改善するにはどうすれば良いですか？

それはですね、体力をつけることです。体力向上のポイントは……。

　コーチング手法があれば、相手の持っている有効な情報をさらに引き出すことができます。関係機関や他事業者の方々も有益な情報提供ができるので、ケアチームとしての絆がさらに深まることになります。何よりも利用者や家族の利益につながるでしょう。

4　利用者や家族との対話、多職種連携で活かす技術

まとめ
・コーチングの構造やスキルを十分に理解しても、活用できなければ意味がありません。
・日常のコミュニケーションの中で、コーチングを意図的に使い、何度も失敗を重ねながら、頭と身体で覚えていきましょう。

あなたの夢は何ですか？　COLUMN

　コーチングの勉強を始めてすぐに、目標実現のために個人的にプロコーチを雇いました。当時は1回30分の電話セッションを月に4回お願いしていました。おかげで、コーチング開始から3か月間で短期目標もほぼ達成し、一定の成果を得ることができました。

　次のゴール設定をテーマにしたセッションの時です。明確な目標のないままセッションに入った私にコーチが次のように尋ねてきました。「あなたの夢は何ですか？」

　この問いかけに少し戸惑いましたが、「夢はたくさんありますよ」と答えました。「それでは、今日は夢をできる限りたくさん教えてもらっていいですか？」とリクエストされました。

　私は「喜んで。セッション時間の30分全部、私の夢を聴くだけで終わってしまうかもしれないですよ」と豪語しましたが、20個ぐらい挙げると、次第に言うことが無くなってきました。まだ15分ほどしか経っていないので、コーチは「もう終わりですか？」と突っ込んできました。「まだまだありますから、もうちょっと待ってください……」

　実際語ることができる夢はすぐには出てきませんでした。しばらく沈黙が続いた後に私の口から意外な言葉が出てきました。「大学院に行きます」。この夢は大学生の時に諦めたもので、援助職者として働いている私には現実味のない夢でした。

　すると、コーチは「いつから？」と問いかけてきました。私は思わず「1年後の来年の春」と答えていました。「来春に大学院に行くために、この1週間でできることは何ですか？」とさらに質問は続き、私は「大学院の入試要綱を入手します」と宣言しました。

　1年後、私はケアマネジャーをしながら、大学院に入学し無理だと思い込んでいた夢の一つを叶えました。あの時にコーチが「あなたの夢は何ですか」と尋ねてくれなかったら、今の私はいません。効果的な質問は、人の人生を左右する可能性があります。

チームで活かす
コミュニケーション

5

CONTENTS

01 コミュニケーションでチームを創る
02 メンバー同士のつながりを強める
03 「ビジョン」を共有する
04 活発な議論を生み出すミーティング
05 チームに待ち受ける落とし穴
06 ケアマネジャーはチーム内の感情にも神経を遣う
07 信頼関係を構築するコミュニケーション

01 コミュニケーションでチームを創る

> **POINT**
> チーム創りは、チームの風土や文化の構築が重要。
> メタ・コミュニケーションを活用しましょう。

渡り鳥のV字飛行に学ぶ

　本章では、チーム創りに活かすコミュニケーションについて解説します。職場におけるチーム創りから多職種連携のチーム創りまで幅広く活かせる内容です。本章の内容はリーダーだけでなく、チームメンバー全員で共有しておきましょう。

　チームとは、路線バスにたまたま乗り合わせた乗客のようなただの集団であってはいけません。たとえ最初はそうであっても、次第に目標や価値観を共有し、メンバーがそれぞれの役割を果たして同一の方向に向かっていく集団が組織でありチームなのです。

　渡り鳥の雁がV字で列をなして空を飛んでいる姿を雁行（がんこう）と言いますが、完成されたチームのイメージはまさに雁行型（V字型）です。V字の真ん中を先頭になって飛ぶ鳥がリーダーとなり、先頭の鳥の羽ばたきが生み出す力で後方の鳥はより小さなエネルギーで飛ぶことが知られています。渡り鳥の生態研究者によれば、先頭の鳥が疲れると交代し、後ろの鳥が先頭になります。それができるのもメンバー全員が目的地を知っているからでしょう。

　私たち人間に当てはめると、まずは全く違う価値観や目指す方向の不統一を一つの方向に向かうことで統一し、リーダーが先頭に立ってチームメンバーの仕事がやりやすいように運び、メンバーがそれに応えることで生産性の高いチームが生まれます。

目標と役割の明確化、共有化

こうしたチーム創りの基本には、やはりメンバー相互の活発なコミュニケーションがあります。

まず、チームで行いたいのが、目標の明確化と共有化です。目標は明文化し、解釈が各人でバラバラにならないように「言葉の定義」を揃えます。それから、情報の共有化です。チームが持っている情報が共有化されてこそ目標達成が近づきます。この目標と情報の明確化と共有化が、チームの中に協働の精神を育みます。また、チームの意思決定過程の共有化も大切です。なぜ、誰が、どのような方法で決定したか、をチームで共有しましょう。

最後に、役割の明確化と共有化です。例えば、リーダーはチーム全体を見守り、トラブルや混乱の際には最前線に立ち、ことを収め、目標に向かってチームをまとめていく役割ですが、そのことをメンバー全員が承知しています。それが大変な役割であることもみんなが理解しているからこそ、リーダーは力を発揮できるのです。

この目標と役割の明確化、共有化は当たり前の話ですが、簡単なことではありません。なぜなら、時間とともに変わっていくからです。だからこそ、常日頃から共有化を習慣化し、そういうチーム風土、チーム文化に変えていく必要があります。

図表5-1 チーム創りの展開

チームの風土や文化の構築のために

　こうしたチームの風土や文化を構築するためにメタ・コミュニケーションの活用が有効です。メタ・コミュニケーションとは、アメリカの文化人類学者であるグレゴリー・ベイトソンが提唱した概念でその定義を「コミュニケーションのコミュニケーション」としています。つまり、円滑なコミュニケーションのきっかけを創る前後のコミュニケーションのことです。

　例えば、これからコミュニケーションを取るための「ちょっとよろしいですか」「それでは始めさせていただきます」というような前置き、あるいは目の前の職員間の話題に入るための「今、何について話しているのですか?」と会話の内容を知るための問いかけ、現状の話し合いを客観的に見るための「ところで、今の私たちの話し合いは問題解決に焦点化できたでしょうか?」と直前の振り返りを促す問いかけ等になります。

　本来のコミュニケーションを円滑に運ぶためのコミュニケーションスキルの一つです。コミュニケーションそのものについて話したり、確かめたり、言い換えたりします。こうしたメタ・コミュニケーションが自然とできる環境、組織であることが、チームの風土や文化の構築には必要です。

　逆にメタ・コミュニケーションを大切にしないチームや組織は、事務的な対話に終始し、前向きで建設的なコミュニケーションにはなりにくいはずです。会議やミーティングの進行が滞ることも少なからずあるかもしれません。決定した内容が腑に落ちないで終了するようなこともしばしば起こるかもしれません。そうしたチームでは、必要な対話がありながらも、いつの間にかチームメンバーがギスギスした関係になってしまうでしょう。

メタ・コミュニケーションをどんどん口にしよう!

　普段のコミュニケーションからメタ・コミュニケーションを意識しているケアマネジャーは、多職種連携の場面でその力を発揮することができます。ケアマネジメント実践においてコミュニケーションのためのコミュニケーションを用意周到にするからです。

01 コミュニケーションでチームを創る

5 チームで活かすコミュニケーション

　例えば、サービス担当者会議に欠席する専門職からの情報を事前に確認するためのFAXや電話の活用、医師やサービス担当責任者等に協議事項の内容を事前に知らせておく等の働きかけを重視します。会議終了後も決定した内容が関係者全員に共有できるように記録を提供したり、欠席した専門職が理解できるような説明を速やかに行うでしょう。

　表情やしぐさも加えながら、「朝礼始めましょう!」「もうお昼にしますか?」「ただいま参ります」「今のは冗談ですから（笑）」「自分のことで精一杯だね」「ご家族の方ですか? お会いできて嬉しいです」「（早く退勤する人に対して）ご苦労さまでした、また明日」「みんなどう思う?」「今日はここまでにしよう!」等々、取りたてて難しいことを口にするわけではありません。より良いコミュニケーションを創造するために、自分の言葉でどんどん用いてみましょう。

まとめ
・雁行型（V字型）のチームを目指しましょう。
・チームの目標やメンバー各々の役割が明確で、それが共有されることがチーム創りにおいて大切です。
・チーム創りの基本はメンバー相互の活発なコミュニケーションです。

02 メンバー同士の つながりを強める

> **POINT**
> メンバー同士の背景や価値観を共有し
> 「よく知らない人」から「よく知る人」へ。

お互いの背景や価値観を知ること

　ケアマネジメントチームは、専門性の違う職種が集まっているため一般的なチームよりもさらに個性が豊かです。

　この多様性を逆に活用し、チームの歯車が合うと、相乗効果を期待することができますが、一方で、歯車の合わないチームだと、メンバーの多様性が仇となりメンバー間の対立構造を生み出します。一般的にはよく知らない相手の行動や発言を目の当たりにすると、どうしても、良いか悪いか、正しいか間違っているか、自分の価値に合うか合わないかという判断が先走るものです。

　チーム創りが上手くいかない場合、よく知らないメンバーの発言や行動に対して、まるで異星人を見るような驚きや戸惑いに溢れ、怒りや諦めで翻弄されることになります。そして、強いストレスが日常的になることで、本来発揮できるはずのパフォーマンスが急落する要因になってしまいます。チーム創りが上手くいっているところであれば、メンバー間のやりとりが活発でそれぞれの発言や行動について理解が深まります。この時にまず押さえておくべきことは「よく知らない」を解消することでしょう。

ケアマネジャーのチーム創り

　ケアマネジャーは事業所内では一人で仕事を完結できるため、メンバー同士の

コミュニケーションがなかなか発生しません。多職種連携の場面でも仕事以外の場であえて対話する機会は極端に少ない状況です。ケアマネジャーとしてどのようにチーム創りに着手すればいいのでしょうか。

事業所内でケアマネジャー同士のつながりを強化するのも、多職種連携のチームを創るのも、その基本的なアプローチは「協働する」ことに尽きます。同じ釜の飯を食うことで、時間と空間と体験を共にし、苦楽を分かち合うと親しい間柄に変化し信頼度が増すものです。例えば、仕事上の課題や悩みを解決する、親睦を深める集まりに全員で参加する、仕事上の知識や情報を共有する場があるなどがそれにあたります。

それだけでなく、チーム創りを働きかけるケアマネジャーとして、メンバーやチームに対して日々取り組めることがあります。それは、自分自身がコミュニケーションのモデルとなる、対人援助活動そのものを楽しんでいる、チームや組織のビジョンを明確に掲げる、チーム全員に感謝を伝える、メンバー一人ひとりの目標を知り、質問し、傾聴し、承認し、要望し、フィードバックを伝える、メンバー一人ひとりの専門的スキルを伸ばすのを支援する、メンバー全員を平等に扱かっているなどです。

このような普段の行動が「協働する」チームや組織の基盤になります。そうなれば、コミュニケーションが活発になり、相手の背景や価値観を知ると、それまでの言動がまったく違ったものに見えてきます。無用な軋轢（あつれき）は生じず、逆にメンバーが支えてくれる安心感や信頼感を育み、立ちはだかる課題に共闘で臨むために勇気を奮い起こしてくれます。

特に、多職種とのコミュニケーションでは、ケアマネジャーは話し手になるのではなく、聴き手に徹するのが成功の法則です。

まとめ

- ケアマネジメントチームは、多様性のあるチームです。
- 自分自身がコミュニケーションのモデルとなり、チーム創りに取り組みましょう。

03 「ビジョン」を共有する

> **POINT**
> 具体的で実現可能性のあるビジョンの共有が
> チームの結束力を高めます。

「夢」よりも明確な「ビジョン」を共有する

　ここからは、事業所におけるチームと多職種連携チームにおいて、どんなことをすればチーム力が高まり、チームとしてのパフォーマンスを120％発揮できるかについて述べていきます。まずは、「ビジョン」の共有化です。

　ビジョンとは、将来実現したいことやそれが実現した時のイメージであり、どのような発展を遂げていたいか、成長していたいかなどの構想や未来像のことです。将来ありたい姿の状態や光景をできる限りクリアに描いたイメージほど実現しやすいと言われています。

　例えば、「5年後には、事業所内外の主任介護支援専門員が中心となった6人組のスーパーバイザーチームが結成され、地域の中で毎月継続的に事例検討会やコミュニケーショントレーニング等を行っている。その人材育成の手法を学ぶために、年間延べ1,000名を超える全国の主任介護支援専門員やスーパーバイザーが見学に訪れ研修に参加している」といったビジョンは、単年度の目標とは違い、3年から5年、あるいは10年先の未来を見つめているわけですが、これをできる限りクリアに描くと良いのです。

　なぜなら魅力的なビジョンは、その達成した光景を思い浮かべるだけでエネルギーが湧き上がります。そしてビジョン実現までのストーリーをチームで分かち合うコミュニケーションほどエキサイティングなものはありません。今やっていることが将来のビジョン実現につながっていると感じられることで今の活動の意

03 「ビジョン」を共有する

義を見出すことができます。

　ビジョンやそのストーリーは自分の頭の中だけで考えていても発想が広がりません。チームメンバーが話し相手になり、話しながら考えるほうが、ビジョンはよりリアルで明確になります。チームメンバーで、もっと強力なビジョンを描き直すことも可能です。単なる「夢」を熱く語り合うだけでも結束力は高まりますが、みんなで頑張れば実現可能性のあるビジョンを語り合うことはより刺激的で強い結束力につながるのです。

未来から逆算する

　現状から未来を見ても、理想的なビジョンは描きにくいものです。厳しい現実という壁が発想を閉じ込めてしまうからです。ビジョンを考える時は、タイムトラベラーになって未来に行ってしまうことです。そして、ビジョンが達成された未来から現在を見て考えます。達成する1年前はどのような状態か、2年前は何が達成しているか、3年前はどんな状況か、つまり、達成した未来から逆算して今につないでいきます。それを突き詰めていくと、この1か月で何をなすべきか

もはっきりと見えてくるわけです。

❶5年後の未来

「事業所内外の主任介護支援専門員が中心となった6人組のスーパーバイザーチームが結成され、地域の中で毎月継続的に"気づきの事例検討会"や"コミュニケーショントレーニング"等を行っている。その人材育成の手法を学ぶために、年間延べ1,000名を超える全国の主任介護支援専門員やスーパーバイザーが見学に訪れ研修に参加している」

❷3年後の未来

「30名のスーパーバイザー候補生の中から12名を選出し、スーパーバイザーチームを立ち上げる。残りの候補生は研究生としてアシストに回ってもらう。スーパーバイザーにはそれぞれの能力やスキルを強化するようなトレーニングや試験を定期的に実施する。年間50回開催される人材育成を目的とした研修を全国にオープン化し受講者を募る。また全国から1回2名前後・年間延べ100名の見学実習生が訪れる」

❸1年後の未来

「第2期スーパーバイザー養成研修を開催し、将来のスーパーバイザー候補生10名を育成する。そして、候補者には、一流のスーパーバイジーになるために、個別スーパービジョンや事例検討会を定期的に受けてもらう。スーパーバイザー同士でもピアグループスーパービジョンや個別スーパービジョンを開始する。"気づきの事例検討会"や"コミュニケーショントレーニング"等の研修を開始しバージョンアップを図る」

❹1か月後の未来

「ケアマネジャーにとって魅力的な人材育成プログラム案を作成する」

　以上のようにビジョンを逆算していくことで、直近の未来実現に対する強いモチベーションやチーム内でのパフォーマンスが飛躍的に向上することが期待できるのです。

03 「ビジョン」を共有する

ビジョンの逆算

5 チームで活かすコミュニケーション

- 将来実現したいビジョン＝未来像を語り合うことで、チームの結束力が高まります。
- ビジョンが達成した未来から現在を見て、達成までのストーリーを考えるのがポイントです。

04 活発な議論を生み出すミーティング

> **POINT**
> 活発なミーティングでチームの生産性を最大限に高めましょう。

ミーティングを活用する

　ミーティングや会議はきちんとやらないと意味のない形式的なものに陥ることが多いのですが、チームで何かを達成するためには、ミーティングを通しての活発なコミュニケーションを交わす必要があります。もちろん、活発なコミュニケーションが交わせても、時間だけが無駄に使われ、結果的に結論が出ないミーティングも避けたいところです。問題の解決や目標の達成のために、そこにかかわるメンバーを巻き込んだ活発なミーティングを運営し、チームの生産性を最大限に高めることを目指しましょう。
　チーム力の強化のカギはミーティングにあると言えます。

生産的なミーティングのために

　生産的なミーティングを実現する条件は次の5つです。❶時間管理などグランドルールが守られていること、❷問題解決等のミーティングの目的が必ず達成されること、❸司会、書記等必要な役割を果たす人が揃っていること、❹議事次第や設備・備品等が周到に準備されていること、❺司会だけでなくメンバー間でもコーチングが使われていることです（図表5-2）。
　さらに、パフォーマンスの高いミーティングは次の2つの要件を達成します。1つめは、「この時間に明確にしようと決めたことが、参加者全体の合意の上で明

> **図表5-2** 生産的なミーティングを実現する5つの条件と2つの要件
>
> **条件**
> ❶時間管理などグランドルールが守られる。
> ❷問題解決等のミーティングの目的が必ず達成される。
> ❸司会、書記等必要な役割を果たす人が揃っている。
> ❹議事次第や設備・備品等が周到に準備されている。
> ❺司会だけでなくメンバー間でもコーチングが使われている。
> **要件**
> ❶コンセンサス（合意）
> ❷アサインメント（割当・任命）

確になっていること」です。これをコンセンサス（合意）といい、最良の結論を全員で導き出します。次に、「決まったことを各自がすぐ行動に移せる状態でミーティングを終了する」ことです。これをアサインメントといい、直訳すると割当てや任命です。決まったことが確実に実行されるには、誰が、いつ、どこで、何を、どのようにするかをチームメンバーに割り振らなければなりません。

この2つの達成項目をメンバー全員が理解していることで、合意形成が早くなり、多くの行動変容を生み出すミーティングに生まれ変わります。行動変容のある組織は自然と活性化していくものです。

5つの条件が確実に行われているか、2つの要件を達成できているかをチェックしましょう。つまり、ミーティングの目的やルールをチームとして揃えることです。議事次第や議事録は同一の様式や書式に改め、司会や書記の役割や運営方法等のルールを定め、メンバー全員に浸透させましょう。

> **まとめ**
> ・チームで何かを達成するには、ミーティングを通して活発なコミュニケーションを交わす必要があります。
> ・メンバー全員の理解と協力で、行動変容を生み出すミーティングに生まれ変わります。

05 チームに待ち受ける落とし穴

> **POINT**
> 生産性の高いチームでも陥る可能性のある落とし穴を知っておきましょう。

チームがはまる落とし穴

　長期間に渡り成果を出してきたチームであっても、魔が差したようにうまくいかない時が訪れます。その原因のほとんどはチーム内のコミュニケーションが滞ることから始まっています。それも大きく深い溝が突然現れるというより、ほんの小さなほころびから始まります。大したことはないと油断しているとほころびは急速に大きな穴に広がってしまい、抜け出すことが難しい落とし穴に成長しますので注意が必要です。

落とし穴に落ちないための処方箋

　チームの中でコミュニケーションが滞る6つのタイミングがあります。これらの予兆をあらかじめ知っていると、予防策や対応策を速やかに講じることができます。
1 ）まず、メンバー間で仕事の考え方や進め方にズレが出てきた時です。メンバー間で関係性ができてくるとお互いにネガティブな指摘をすることを避けるようになっていきます。すると、ズレが生じても訂正できないまま進んでしまうことが生じるのです。
2 ）次に、業務分担や責任の所在が不明確になってきた時です。特にメンバーが入れ替わり担当者の変更や異動があると、解釈の食い違いからルールが徹底され

ない恐れがあります。

3）それから、メンバーの資質がアンバランスでそれぞれが勝手な方法で進める時です。これはメンバー間の相互作用や助け合いの精神が低下した時に起こる兆候です。チームへの所属感や個々のメンバーへの関心が薄くなってきているかもしれません。

4）そして、情報が適切に伝わらない時です。特に回覧などアナログ的な方法ではタイムリーな共有ができません。また、IT化したとしても各自がこまめにチェックしなければないのと同じです。

5）さらに、リーダーシップが発揮されず、仕事の方向性が不明瞭な時です。ビジョンや目標がまだまだ抽象的で十分に浸透していないと足元から崩れていきます。

6）最後に、メンバーが疲労し、互いに思いやりの心が持てなくなる時です。多忙すぎる業務や残業時間が多くなるとメンバーの心のゆとりが失われていきます。

この6つの状況に対する予防策、対応策を図表5-3に挙げますので、参考にしてください。

図表5-3 コミュニケーション停滞の予防・対応策

❶メンバー間で仕事の考え方や進め方にズレが出てきた時
➡「親しき仲にも礼儀あり」「礼儀知らずは恥知らず」です。親しくなっても仕事上では緊張感を保ちましょう。気になることがあれば放って置かず対話の機会を持つことです。

❷業務分担や責任の所在が不明確になってきた時
➡どんな小さな方針やルールでも口頭ではなく、文書で残しておきましょう。迷った時には、それを見ればわかる状態をキープしましょう。誰もがすぐに見ることができるように整理しておくことです。

❸ **メンバーの資質がアンバランスでそれぞれが勝手な方法で進める時**
　➡チームや組織に対する所属感は、メンバー同士の関心やリスペクトの高さから生まれます。サンクスカード等で普段の仕事の中での小さな感謝をたくさん伝えましょう。

❹ **情報が適切に伝わらない時**
　➡情報のボトルネックとなっている人や仕組みを定期的にチェックし見つけることです。発見次第、全体でそれを共有し、早急に是正しましょう。早い対応が大事です。

❺ **リーダーシップが発揮されず、仕事の方向性が不明瞭な時**
　➡官僚主義的な現在のシステム継続はリーダーシップでありません。ビジョンと戦略をもって現状の大変革を推進することです。変化に振り回されるのではなく、自分から変化を起こしましょう。

❻ **メンバーが疲労し、互いに思いやりが持てなくなる時**
　➡定期的なストレスチェックや必要に応じて専門医やカウンセラーとの面談を活用しましょう。休日を確実に取り、趣味やリフレッシュする時間に使いましょう。

- チームがうまくいかない時の原因は、チーム内のコミュニケーションの停滞にあります。
- チーム内のコミュニケーションが滞る6つのタイミングがあります。
- これらの予兆をあらかじめ知れば、予防策や対応策を速やかに講じることができます。

楽観性VS悲観性

COLUMN 5 チームで活かすコミュニケーション

　在宅介護支援センターのソーシャルワーカーをしていた時代に、個人的に民間会社のコミュニケーションのトレーニングを定期的に受けていました。半年に1回コミュニケーションの能力評価をすると、聴く力や伝える力は右肩上がりに成長したのですが、ある一つの項目だけは全く伸びることはありませんでした。

　その項目とは「楽観性」です。楽観的なコミュニケーションには、自分も相手も癒され、明るくなり、安心感溢れる力を与えてくれます。しかし、私を含めて仲間全員が高い「悲観性」でした。

　最初は、自然に数値が上がってくるだろうとたかをくくっていましたが、予想は見事に外れました。1年半の間、あの手この手で楽観性が高いと思われるさまざまなコミュニケーションにトライしましたが、何回テストをやっても「悲観性」は高いままです。

　ある時、当時のコミュニケーションのトレーナーが健康診断で「脂肪肝」と指摘されました。彼はその時落ち込みながら診察室から出てきたのですが、彼の同僚のトレーナーはくすくす笑いながら診察室から出てきたそうです。それを見て彼は、同僚は何も問題なしなんだと羨ましく思いました。しかし、次の瞬間、同僚の口から驚くべき言葉が出てきたそうです。

　「俺って、脂肪肝♪、脂肪肝って言われちゃったよぉ〜！」。そこには深刻な感じや悲観性は全く感じられなかったといいます。その同僚の楽観性は以前から高いものでした。

　私はその話を聴いた時に大きなヒントを得た気分でした。一つの事実には、楽観性も悲観性もなく、ただの「事実」しか存在していなくて、「楽観的な事実」にするか「悲観的な事実」にするかは、すべて自分次第であることに気づいたわけです。

　この考え方だとピンチをチャンスにできます。苦手な人に出会っても「私を陥れる人」ではなく「私を人間的に成長させてくれる人」にできるのです。それに気づいて以来私の楽観性は右肩上がりです。

06 ケアマネジャーはチーム内の感情にも神経を遣う

> **POINT**
> ケアマネジャーは自らの感情だけでなく、チームメンバーの感情ともうまく付き合うことが必要。

自らの感情を安定に保つ

　ケアマネジャーの情緒的安定感はチームの安定感と比例します。なぜなら、感情は伝染するからです。これは、脳内の神経細胞の一つであるミラーニューロンが関係しています。この細胞は自分が何か行動をする時だけでなく、他者がする行動を見た時にも活性化します。例えば、楽しそうにしている人を見ると、同様に楽しさを感じます。怒りに任せた言動をしている人を見ると、同じように怒りの感情が鏡のように自分に映し出されます。

　ケアマネジャーの感情そのものがチームに反映するため、ケアマネジャーがチームに与える影響は計り知れません。ケアマネジャーが感情を上手くコントロールしているチームでは、問題解決力が向上します。攻撃的なチームだと創造性や集中力が低下します。明らかにチームの生産性に違いがあることがわかります。

　ある日の朝、お局のベテラン部長が仏頂面で事業所に出勤してきた時のこと、周りのケアマネジャーたちは息を呑んで部長の顔色や表情をつぶさに観察していました。一人が「今日は機嫌悪そうだから、相談事は明日にしよう」と言うと、誰かが「触らぬ神に祟りなしだよね」と苦笑いしながら返答していました。

チームメンバーの感情にも意識する

　チームの中で安心感のある豊かな人間関係が作られているかどうかはチーム創

りの成功の鍵の一つです。自分の感情に気付いていないあるいは無頓着なケアマネジャーは、自分の感情に気を配り、距離を取ってそれらを客観視できるマネジメント力を習得しましょう。自分の無頓着さによってチームメンバーとのかかわりに大きなダメージを与えるようなことは避けなければなりません。

　自分の感情とうまく付き合うということは、自分の感情を押し殺したり、無感情になることとは違います。自然と湧き上がる感情をそのまま受け入れてから、どのような反応や態度を取ることが最も適切かを意識的・意図的に選択することです。その結果、緊張を適度にコントロールでき、言いにくいことでも率直に伝えられます。間違いを指摘されても素直に認め受け入れます。冷静に対応し、怒鳴りつけるようなことはしません。

　感情とうまく付き合うステップは次の通りです。目の前の関係や状況の中で自分が望むことを明確にし、相手はどんな結果を望んでいるか、またお互いにとっての最善の結果を想像することです。その上で、自分は今何を感じているのかを客観的に認識します。

　例えば、相手から責められる時は大抵自分が悪くないと相手に対して不快な感情が出てくるものです。下手をすると怒りの感情が一瞬で心を覆い尽くします。そこで、「言い争うのではなく話し合いで解決したいなぁ」→「相手が大切にしているのはきっと自分のプライドが守られ問題が解決することなんだろうなぁ」→「双方にとって大事なのは誰が悪いかという原因の追究ではなく、これからどう解決するかを明らかにすることではないだろうか」→「お互いの非を指摘し合うことよりも、自ら謝罪するところは謝罪した上で、前向きな話し合いに移行してはどうだろうか」という反応になると、怒りではなく、冷静に判断し、感情的にならずにすみます。この法則を会得すると、チームメンバーをはじめ他者の感情に振り回されることなく、うまく付き合うことができます。

- 感情は周りの人に伝染します。
- ケアマネジャーが感情をコントロールしているチームは、問題解決力が向上します。

07 信頼関係を構築するコミュニケーション

> **POINT**
> 利用者や家族との信頼関係だけでなく、
> チーム内での信頼関係の構築も
> 意識することが重要です。

どこでもラポール形成を意識する

　ケアマネジャーは対人援助職ですから、利用者や家族との信頼関係の上に援助が成り立つ仕事です。ですから、インテークなど初期の段階でのラポール形成が重要になります。このことは、チーム創りにおいても同様です。関係機関との関係もチームとして信頼関係があってはじめて機能します。事業所内の同僚や部下、上司に対しても信頼関係があるからこそ仕事に専念してやっていけるのです。

　いずれの信頼関係も共通しているのは、コミュニケーションを通して構築されている点です。会話する目的を理解し、その目的に沿ってコミュニケーションを交わし、そのやりとりを楽しむことができてはじめて信頼関係が生まれます。決して時間さえたてば自然に構築できるというものではありません。

　また、信頼関係ですから、片思いの信頼関係は成立しません。一方的な働きかけで容易に実現するものでもありません。信頼関係を構築するには、双方に積極的な意識があり、意図的なかかわりを持って積み上げていくことが必要です。

信頼関係を構築する術

　信頼関係を構築するための具体的なコミュニケーションの法則は、一方通行ではなく双方向の対話です。まずはケアマネジャーが相手とのかかわりを始めたいという意思からコミュニケーションは始まります。その際には、相手の同意を得

07 信頼関係を構築するコミュニケーション

ることです。「お話ししていいですか?」等のメタ・コミュニケーションが有効です。

次に、お互いに対話を続けることにも同意が要ります。この同意がなければコミュニケーション自体に価値を置かないということですから、途中で不機嫌になったり放棄されたりします。対話は成立せず、遺恨だけが残ります。

さらに、お互いが相手と向き合い、そこに適当な距離感があることです。そっぽを向かれたり、遠くても近すぎても信頼できるコミュニケーションは実現しません。相手と正面を切って向かい合うということは、自分と向かい合うことにもなります。そこに自分のコミュニケーションする姿が映し出されるからです。

餅つきのように二人の間で交わされる阿吽(あうん)の呼吸が、まさに信頼関係の素です。

信頼関係において一番難しいのは、築いた信頼関係を継続させることです。これは継続したコミュニケーションがあるからこそ実現できます。釣った魚にはふつう餌を与えないものですが、信頼関係の継続においてはたくさんのエサを与えることが重要なのです。

> - 信頼関係は、コミュニケーションを通して構築されます。
> - 信頼関係を構築するには、双方に積極的な意識と意図的なかかわりが必要です。
> - 信頼関係は継続させることに力を注ぎましょう。

まとめ

5 チームで活かすコミュニケーション

実践は論理を超える　COLUMN

「実践は論理を超える」。これは、私が大学や大学院でお世話になった師匠の故浅野仁教授が弟子たちに残した言葉です。高齢者福祉領域の研究者でありながら、福祉は実践学問だからと言って現場の声をとても大切にされていました。

映画「踊る大捜査線」のとても有名な台詞に「事件は会議室で起きてるんじゃない 現場で起きてるんだ」というものがありますが、それに通じる考え方だと認識しています。

私が大学院での研究を始めた理由の一つに、現場の対人援助職者には実践はあるが十分な理論がない、大学院等の研究機関には理論はあるが豊富な実践がない、だからこそこの二つを結びつける橋渡し役になりたいと望んだからです。理論と実践を結びつける取り組みは私のライフワークになりました。

難しい理論を難しく説明されては、実践家はさっぱりわかりません。せっかくの理論も豚に真珠です。伝わる言葉で事例や例えを交えながら対話しなければなりません。ここでも求められるのがコミュニケーション力です。

一方、現場での実践はすべて理論通りに進むわけでもありません。少し理論をかじると、それをすべての対象者理解に無理やり当てはめようとします。人間の行動を一つの理論だけで収めようとする行為は間違っています。まさに「実践は論理を超える」です。

人間の生活行為には論理的に説明できないことが多々起こります。そこには他の理論での追求や柔軟な捉え方が求められます。他の専門職や研究者に意見を求めることや、示唆を与えてもらうことは大変有益な姿勢です。やはり、ここでも素直に相手に質問することや要望することなどのコミュニケーション力がいります。決して自分の正しさに固執することなく、謙虚に聴き、受け入れる態度が大切です。

実践編
―ケアマネジメントプロセスや援助実践の中での応用―

6

CONTENTS

- 01 コミュニケーションのチャンスを自ら創り出す
- 02 インテークにおけるコミュニケーション
- 03 アセスメントにおけるコミュニケーション
- 04 目標設定におけるコミュニケーション
- 05 サービス担当者会議におけるコミュニケーション
- 06 モニタリングにおけるコミュニケーション
- 07 高齢者の特徴とかかわり方
- 08 介護者・家族とのかかわり方
- 09 職場の上司・同僚・部下とのかかわり方
- 10 地域の多職種とのかかわり方
- 11 PDCAサイクルで内省の習慣を身につける

01 コミュニケーションのチャンスを自ら創り出す

POINT
ケアマネジャーの能動的なコミュニケーションがなければ、援助の成果は期待できません。

ケアマネジメントの流れ

　ケアマネジメントの具体的な流れは、指定居宅介護支援等の事業の人員及び運営に関する基準（以下、「運営基準」とする）第四条と同第十三条に規定されており、わかりやすくまとめると次のようなプロセスになります。
　「インテーク」⇒「アセスメント」⇒「ケアプラン原案作成」⇒「サービス担当者会議」⇒「ケアプラン交付」⇒「サービスの実施」⇒「モニタリング」⇒「終結」という過程です。これらの内容は介護予防支援においても、施設介護支援においても同様のプロセスを辿ります。しかし、このプロセスは「インテーク」から「終結」に向かって直線的に進んで終わることはほとんどなく、ケアマネジメント・サイクルという形式が基本になります。つまり、「モニタリング」時点において、生活課題が未解決の場合はそのまま「終結」になることなく、再び「アセスメント」の段階に戻る円環的な援助展開になるのが通常です。解決すべき生活課題がある限り繰り返しこのプロセス（図表6-1）がサイクルするわけです。

失敗談から考えるコミュニケーション力

❶アセスメント無き援助

　介護保険制度が始まる前の話ですが、私が在宅介護支援センターの新任ソーシャルワーカーとして働いていた頃に、一人の年配の男性が相談者としてやって

図表6-1　ケアマネジメント・サイクル

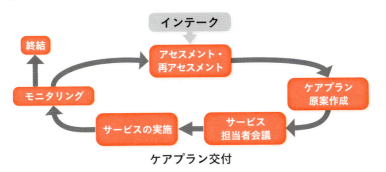

きました。介護機器の展示コーナーに入ってくるなり、車椅子を指差して「この車椅子はすごく安い。これ一つ今すぐくれ」といきなりリクエストされました。

　私はあらためて名刺を渡し、自分の氏名や職業的な役割を簡潔に述べた後に、「どのような理由で車椅子をお求めですか?」と尋ねると、「理由なんかいるのか。とにかく早く売ってくれ」と憤慨して言われました。車椅子は直接ここでは販売していないことを伝え、福祉用具販売の業者に仲介するので、氏名や住所を教えてほしいと尋ねたところ、近隣に住むAさん（78歳、男性）だとわかりました。

　再び私は「使用目的や使用する対象の人の状態によっては、購入ではなく支給や貸与してもらえる制度もありますよ」と伝えると、「しつこいな。すぐ使いたいから、できるだけ早く売ってさえくれたらいい!」とけしかけられました。この態度に押し切られ、業者には無理を言い、翌日の午前中にAさんの自宅に直接納品されることになりました。

　それが決まるとAさんはそそくさと帰られましたが、翌日業者から電話がかかってきました。車椅子の納品で自宅にお伺いしているが、Aさんが「これではない」と言い張り、受け取りや支払いに一切応じてくれないというものでした。

　急いでAさんの自宅に駆けつけると、足取りの不自由な弱々しい奥さんの姿がありました。そして、納品された車椅子を乗るのではなく、家の中でシルバーカーのように押して使おうとしていました。

　Aさんは妻の屋内歩行を助けるために車椅子を活用できると判断したようです。しかし、妻の心身状況や家屋状況では使用方法や用具等の選別が適切ではありませんでした。家の部屋や廊下の動線幅は車椅子が通るには狭く、一部数センチの

段差もありました。しかも昔ながらの車椅子なので重さは15キロ程度もあり、きゃしゃな妻には上手く操作できないことがわかりました。それで、車椅子はいらないということになったわけです。結局キャンセルとなり業者には大変申し訳ないことをしてしまいました。

　私はなぜこのような失態を招くことになったのでしょうか。それには2つの大きな理由があります。一つ目は、私自身がケアマネジメントの流れを一切無視して援助していたからです。インテークはまだトライしようとしていましたが、信頼関係がないままに、アセスメントや生活課題に対する目標設定にもほとんど触れることなく、いきなりサービスだけを実施してしまいました。いわゆるアセスメント無き援助です。ニーズとサービスのマッチングが大きくずれてしまう結果となりました。これでは、相談員ではなく販売員です。

❷コミュニケーションを創出すること

　2つ目の理由は、私自身のコミュニケーションの未熟さです。高圧的で乱暴な口調のAさんであったとはいえ、もっと真摯な態度で問いかけたり傾聴していれば、援助に必要な情報を引き出すことができたかもしれないからです。真正面から向き合って対話しようとするどころか、物怖じしてしまい早々にコミュニケーションを切り上げてしまいました。Aさんとの適切な援助関係を築くためのコミュニケーションをこちらから創り出すチャンスは何度もあったはずです。

ケアマネジメント実践の本質

　ケアマネジメント実践の本質は、情報活動にあります。利用者情報(個人特性)と生活課題といわれるニーズ(問題特性)、サービス事業者などの社会資源情報(問題解決)、ケアマネジャーによる処遇(援助者の役割)に関する情報を収集し、統合し、分析する継続的なプロセスが求められます(図表6-2)。そして、自立支援やQOLの向上を目的とするケアマネジメントでは、この情報の最も中心に置くべきものは利用者の生活目標の実現です。サービスやケアをどうするかは目的ではなく、手段です。

　利用者の生活課題を解決してどのような生活を実現するかを明確にするために

図表6-2 ケアマネジメント実践の本質

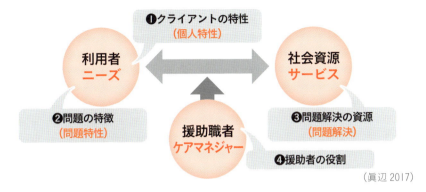

(眞辺 2017)

行われる利用者や家族との面談は、ケアマネジメントにおいてはかなり重要な局面になります。ケアマネジメントが上手くいくかどうかは、双方向のコミュニケーションと継続的なコミュニケーション、そして個別化されたコミュニケーション、つまり利用者の主体的な参加を支援するためのコミュニケーションが実現されるかどうかにかかっていると言ってもいいでしょう。

しかし、利用者の主体性を引き出し、自立に向けたエンパワメントを高めていくには、コミュニケーションを自ら創り出していく力が必要です。相手の自発的な行動を促進し、その人独自の目標達成を支援するコミュニケーションスキルは、まさにコーチングスキルと同義です。ですから、ケアマネジメントのプロセスにおけるコミュニケーションのあり方にコーチングを積極的に活用することは、ケアマネジメントの実践の質を上げることにもつながるのです。

> まとめ
> ・ケアマネジメントの流れを念頭において、必要なコミュニケーションを創出することが大切です。
> ・ケアマネジメントの基本構造とコーチングスキルは同義であることから、コーチングの積極的な活用が支援の質を高めます。

02 インテークにおける コミュニケーション

> **POINT**
> インテークにおける援助関係の強化はその後の関係に大きく影響します。
> 説明に集中しすぎて、一方通行にならないように注意しましょう。

インテークで意識すべきこと

　インテークはケアマネジメントプロセスの起点で、援助導入期において利用者本人等に行う最初の面接です。運営基準では、居宅介護支援の提供の開始に際し、運営規程や重要事項の文書を交付し、説明を行い、同意を得ること、また、居宅サービス計画が利用者の希望等に基づき作成することなどの説明を行い、理解を得ることとなっています（図表6-3）。

　これらをもう少し具体化すると、インテークで説明する重点項目は、ケアマネジャーの援助者としての役割や職業的倫理を伝え、インテーク面接の目的や利用者の権利と義務を説明することです。伝えることや説明することはティーチングのスキルですが、利用者等が理解できるわかりやすい言葉や例で明確に伝えることが肝心です。

　最初に伝えるべきことを伝えないと、利用者等が適切な決断ができないばかりか、ケアマネジャーに対する依存度を強くする恐れがあります。また、利用者本人が自ら生活課題を解決するという主体性を損なわせることにつながってしまいます。

　インテークのコミュニケーションの特徴は、援助を受理するかどうかを判断するための若干の情報収集の場面を除けば、ティーチングが中心です。ここでの留意点は、説明することに集中するあまりコミュニケーションが一方通行になりが

02 インテークにおけるコミュニケーション

図表6-3 インテークのプロセス

ちな点です。文書交付、説明、理解、同意に至るプロセスは、双方向の対話の中で生まれるものですが、制約された時間の中ではなかなか理想的に進むとは限りません。

　典型的な良くないコミュニケーションの例は、一方的に説明した後で、「ここまでの内容で何かわかりにくい点はありますか?」と質問を投げかける場面で、利用者等が何をどう質問していいかわからず無言で戸惑っている状態を見ると、その沈黙を待たずに、「わからないことがあれば後でもいいので、いつでも言ってください」「ここはとりあえず進みましょうか」などとコミュニケーションを一方的に終わらせ、先に進んでしまうことです。

　すぐに答えが返ってこなくても早く答えるよう促したり、自分の考えを言ったりしないでしばらく黙って待つことが援助の基本姿勢です。それが、双方向のコミュニケーションを実現します。相手の返事を聴いて、受け取ってから次の段階に進みましょう。

　インテークでは、ケアマネジャーと初対面の利用者等は緊張し、不安を感じていることも多いはずです。ケアマネジャーは、この不安を緩和もしくは解消しなければなりません。それには、利用者等の緊張を和らげ、自分の弱さやできないことを話しても大丈夫なのだという安心感を持たせる配慮がいります。

傾聴と承認の活用

　傾聴のスキルは、相手の内側にある不安を引き出し、和らげる効果をもたらします。さらに、オートクライン（第4章02参照）が起こり、自ら問題を整理する機会になります。それから、傾聴をより効果的なものとするための物理的環境を整えることも重要です。具体的には少しでも安心して座り、ケアマネジャーと向き合うことができる環境を整備するのです。例えば、椅子やテーブル、室温や湿度、部屋の明るさ、壁や窓の色や様子、また、プライベートが守られる密室性も大切な要素です。

　インテーク場面において承認を行うことは、初期の段階で信頼関係を結ぶには大変有効な手法です。「明るい声で挨拶する」「利用者の名前を呼ぶ」「数ある事業所の中から選んでくれたことに感謝する」「視線の高さを合わせる」「約束の時間を守る」「些細なことにもお礼を言う」「介護者をねぎらう」など、チャンスはいくらでもありますので意図的にこまめに承認することが大切です。

　傾聴や承認のスキルを疎かにするケアマネジャーのコミュニケーションの特徴は、安易な励ましや安請け合いです。「大丈夫ですよ、そんなことはみんな経験していますから」「私のほうで全部手続きしておきますから、印鑑だけくれればいいですよ」などがその例です。これでは、過度の期待と依存性、場合によっては不信感を高めることになりかねません。

インテーク（初対面）での外見は特に注意する

　ケアマネジャーが持つ外見の印象は、初対面の際、相手に強烈なインパクトを与えます。インテークではノンバーバルなコミュニケーションの影響力に最も気を配ってほしいところです。具体的には、話し方の特徴、表情、態度、ジェスチャー、声のトーン、声の大きさ、服装、靴、アクセサリー、鞄、文房具などの非言語的なあり方です。仕事は外見で決まることを念頭に、外見のマネジメントにも力を入れましょう。外見は信頼関係の構築に多大な影響があるからです。

　さて、ここからは実際のやりとりから、各プロセスにおけるコミュニケーショ

ンの在り方について示していきます。登場するケアマネジャーのYさんはベテランでコミュニケーション力に富んだケアマネジャーです。

ケアマネジャーと利用者のインテーク場面

　YケアマネジャーとBさん（80歳、女性、要介護1）との初回面談終了の場面です。インテークに求められるコミュニケーションスキルとそのポイントを見てみましょう。

ケアマネジャー（以下、**CM**）　Bさん、私の長い説明を最後まで聴いてくださりありがとうございました。ここまでの内容でご不明な点はありませんか？（約1時間の面談。名前や感謝の承認と、相手の理解度に対する確認の質問をしています。インテークでは相手の呼称を確認しておくことが望ましい関係形成につながります。決して独断でニックネームを決めたり、「おばあさん」などと言ってはなりません）

利用者　そうですね……。わかりやすく説明してもらってありがとう。大体理解したつもりだけど……。かしこまった説明書に漢字がいっぱい並んでいたでしょ、後でもう一度読ませていただこうかしら（沈黙の傾聴で相手の答えを焦らず待っています）。

CM　そうですか。もしかしたら私の説明が少し速かったかもしれませんね。それに、馴染みのない法律用語をわかりやすくお伝えできていなかったかもしれません（相手の発言に対する承認に加えて、その要因を相手のせいにせず、ケアマネジャー自身の問題として捉え伝えています）。

利用者　いえいえ、思いのほか量が多いせいか、それとも歳のせいか、一度聴いただけでは無理みたいです（笑）。

CM　確かに量が多いので、それは当然です。Bさんが、後で読み返していただくことで、もしかしたら、新たな疑問点が出てくるかもしれません。次回の訪問の際にでも遠慮なく質問してください。営業時間内であればお電話でもお答えできますから（発言や名前の承認と、相手にとって無理のない程度の提案をしています。安心を与えたい一心で「いつで

	も連絡してください」と安易に伝えるのは誤解を招きトラブルの原因になるので要注意です)。
利用者	ありがとう。頼りにしています。よろしくお願いします。
CM	ところで、Bさん、私から最後に一つ質問させていただいてもいいですか? もう少しだけお時間をいただけるとありがたいです(名前の承認と、質問をさらに続けることに対する許可を相手に求めています。双方向のコミュニケーションで対等な関係性を意識しています)。
利用者	いいですが……なんでしょう?
CM	これから、Bさんと私が今後もっとお話がしやすくなればいいなと思いまして……。お互いの信頼感も上がると嬉しいですし(名前の承認を繰り返し行っています。そして、質問する理由やケアマネジャーの気持ちも伝えています)。
利用者	私こそそう願ってますわ……、どうぞ。
CM	それでは、二人の役割の整理をさせてください。私、ケアマネジャーの役割は、Bさんの話を聴いて、何ができるかを一緒に考えることです。それでは、Bさんの役割は何でしょうか?(相手の考えを引き出す質問をしています)
利用者	一緒に考えた目標が叶うように私自身が努力することかしら。皆さんの力もお借りしてね。最近足腰が弱くなってきているし、もの忘れも出てきて正直不安はあるけど、歳を取っていっても自分でできることはこれからも続けたいわ。私、生涯現役って決めてるの。
CM	素晴らしいです。私の説明した言葉をちゃんと心に留めてくださってとても嬉しいです。Bさんの生活上の問題はどのサービスやケアを受けると解決に近づくか、ご自身で選んで決められるように全力でお手伝いさせていただきます。ぜひ生涯現役でいきましょう(利用者の役割を介護保険法第4条「国民の努力及び義務」の文書を見せながら事前に説明していたことの確認をしています。質問の答えだけでなく、相手の今後の決意をも引き出しています。最大限の承認に加え、あらためてケアマネジャーの役割を伝えています。また、相手が自ら表現した言葉をそのまま使っ

利用者 Yさんの説明を受けるまではね、困ったことはケアマネさんに頼んだらすべて解決してくれると思ってました。私の話をしっかり聴いてくれるYさんが担当者で本当に良かったわ。

CM ありがとうございます。私もBさんを担当することができてよかったです。これからもよろしくお願いします（双方向のコミュニケーションでお互いの信頼関係を確認しながらインテークを終了しています）。

- インテークでは、ケアマネジャーの役割や職業的倫理、面接の目的や利用者の権利と義務を伝えましょう。
- これらを説明することに集中するあまりコミュニケーションが一方通行にならないように意識しましょう。
- インテークでは、感謝やねぎらい等の承認をこまめに行い、双方向のコミュニケーションを行いましょう。

03 アセスメントにおけるコミュニケーション

> **POINT**
> アセスメントでは、ただ単にサービスを結びつけるだけではなく、利用者の思いや心を理解し、どのような利用者とも向き合い対話できる専門的なコミュニケーション力が必要です。

分析、統合して課題の原因を突き止める

　プロセスの第2段階はアセスメントです。アセスメントとは、その人が置かれている生活状況の統合的な理解のために、必要な情報を収集・統合・分析しながら、現状と目標の間にあるギャップを明らかにする要因特定のプロセスです。

　アセスメントとはアセスメントシートに従い情報を収集することだと思い込んでいるケアマネジャーがいますが、それはアセスメントの一部です。問題が生じているメカニズムを明らかにするためには、集めた情報を統合、分析して考えなければなりません。ケアマネジャーは頭の中で自問自答を繰り返しつつ、自分との対話を次々と展開しています。

　例えば、「75歳女性で要介護2 。一年前に転倒し大腿骨頸部骨折。入院加療のため尿意や便意があるにもかかわらずオムツ使用開始。転院後の老健施設においてもオムツ継続。その状態の中での在宅復帰。排泄に関する器質的な疾患もない。排泄はオムツ使用状態になっているが、本来自立した状態像はトイレでの排泄。なぜオムツなのかを分析すると、オムツ性失禁が原因とほぼ判断できる。尿意や便意が回復すればオムツ外しができ、排泄に関しては改善する可能性は大いにあるのではないか?」とこのような思考プロセスです。現状オムツをしているから即オムツ交換と判断するのは、科学的根拠や理論に基づいて考えないケアマネジャーであり、自立支援を目指した賢明なアセスメントとは言えません。

一片のピースが欠けてもアセスメントは完成しない

　アセスメントは、まるでパズルを完成させるように一つひとつのピースを埋めていく作業と似ています。情報というピースを集めるだけではパズルは完成しません。一つひとつのピースの特徴を掴みながら、いくつもの組み合わせを試行錯誤しつなぎ合わせて、そこに描かれている作品の全体像は何かを最終的に浮かび上がらせます。ここで大切なのは、一つひとつのピースに正確さが求められる点と、完成させるためには一つもピースは欠かせないということです。

　アセスメントはケアマネジメントの生命線であり、「アセスメントに始まり、アセスメントに終わる」と言っていいほど重要なコミュニケーションステージです。利用者等から必要かつ正確な情報を引き出すためのコミュニケーションを疎かにすると、パズルを完成させる精度の高いピースが手に入りません。

　アセスメントは、利用者との関係を見極めながら、コミュニケーションの機会ごとに蓄積や整理を繰り返し、真のニーズを明確にするための情報整理につなげていきます。一回のアセスメントだけで完全さを求めるのは不適切です。

　ましてや、老化や疾病に伴い、健康を損ない、歩行能力が低下し、食事も思うように摂れない状況、つまり喪失体験が今まさに起こっている高齢者に対して、

なんの配慮もなく「どのような生活をお望みですか?」と尋ねても「早くお迎えが来てほしい」と言われるのが落ちでしょう。悲しみや諦めの向こう側にある真の思いや考え、感情にアクセスし、利用者の真のニーズを導き出すコミュニケーションが求められますが、そのためには一体どうすればよいのでしょうか。

まずは、利用者の立場からの視点でものを見てみましょう。これは簡単なようで案外うまくいきません。頭ではわかっていても、自分の視点を動かすのは難しいからです。そのために以下のような質問を自分自身に問いかけてみることです。質問に答えることで相手の目を通して世界を見ることができます（図表6-4）。

図表6-4 利用者の視点で考える

□利用者は毎日どんな気分で起きているか?
□利用者は自分のことをどんな人だと思っているか?
□利用者はふだん家族にどう接しているか?
□利用者は人から叱責された時、どんな気持ちになっているか?
□利用者は家族の人間関係に満足しているか?
□利用者には個人的な心配事はないか?
□利用者は自身のやる気を高めるために何をしているか?
□利用者の人生で一番の楽しみは何か?
□利用者が一番大切にしているものは何か?
□利用者が今最も自信のあることは何か?
□利用者はケアマネジャーに対して何を期待しているか?

援助関係が希薄な状態では、最初からすべての情報や本音を言う人はいません。アセスメントは、相手がすぐ答えられる容易な質問からすることが鉄則です。例えば、氏名、性別、年齢、生年月日、住所、家族関係図、主訴、受診状況、服薬状況、サービス利用状況等です。

また、ADLやIADLの生活情報について「お昼ご飯は食べられましたか?」、「今朝は何時に起きましたか?」「普段のお買い物はどこに行きますか?」「ペットの世話を主にしているのはどなたですか?」等の「はい」か「いいえ」、もしくは「い

つ」「どこで」「誰が」などの限定的な質問も答えやすいものです。

　個人差やタイミングもありますが、答える側の抵抗感はかなり少なくなります。まずは、答えやすい小さな質問で相手の意識の内側に入っていきましょう。ただし、連続して使用すると、詰問になるので要注意です。

　上級編ですが、「なぜ」「どうして」ではなく「何（なに）」もしくは「どのように」を問う質問手法が効果的です。「なぜあんなことをしたの?」の「なぜ」という言葉には相手の責任を追及する響きがありますが、「何」の質問は相手を警戒させないで答えやすい雰囲気を作るからです。次の例文は、「なぜ」を「何」もしくは「どのように」に変えた質問です。

- なぜ急に歩く能力が落ちたのですか?
  ⇒急に歩く能力が落ちたのは、何が原因ですか?
- なぜいつもお世話になっているヘルパーを怒ったのですか?
  ⇒いつもお世話になっているヘルパーを怒った理由は何ですか?」
- どうしてあなたは約束を破るのですか?
  ⇒「あなたが約束を破るのはどのようなわけからですか?」
- どうしてモノを大事にしないのですか?
  ⇒「モノを大事にしない理由は何ですか?」
- なぜ連絡をしなかったのでしょうか?
  ⇒「どのような理由で連絡をできなかったのですか?」

　アセスメントの場面で、うまくいかず、質問してもあまり話してくれない場合は、ケアマネジャーの気持ちを相手に話すことで改善を図ります。人が人に対して警戒を解く時は相手の本当の気持ちに触れた時だからです。

　利用者と対話する際には、ケアマネジャーは自分自身の内側にも意識を向けましょう。そこになんらかの感情の変化や反応を見つけたら、それを言葉にして率直に利用者に伝えてみてください。例えば、「〇〇さんの笑顔は、私まで嬉しくなります」「××さんの話を聴いて、私も怒りが込み上げてきました」等です。大げさではなく、自然にさりげなく表現することです。あなたが想像する以上に、利用者は前のめりになってコミュニケーションを始めるでしょう。

アセスメントは、利用者の現状を多様な切り口の質問によって整理し明確化するコミュニケーションです。主訴だけを聴いても十分ではありません。また、ケアマネジャーの物差しだけで早合点の判断をしてはなりません。とんでもない現状に見えても利用者自身は全く意に介していないかもしれないからです。あくまでも利用者の考え・感情・行動を理解することが大切です。現状を明確化する質問例は図表6-5の通りです。

図表6-5 現状を明確化する質問例

□現状はどうなっていますか?
□実際にやってみてどうでしたか?
□うまくいっていることは何ですか?
□理想を100点とするなら今は何点をつけられますか?
□ゴールに対して今は何合目ですか?
□現状にどれくらい満足していますか?
□現在の状態は何色ですか?
□今増やしたいものは何ですか?
□今減らしたいものは何ですか?
□現在の状態をひと言で表すとしたら、どんな言葉になりますか?
□現在の状態を漢字一文字で表すとしたら、どんな漢字になりますか?
□あなたの今の状態をこの模造紙に自由に書き出すと、どうなりますか?
□現在直面している3つの課題は何ですか?

ケアマネジャーと利用者のアセスメント場面

　YケアマネジャーとCさん(80歳、女性、要介護1)との訪問面接の場面です。退院前のCさんの病室で、現状のADLの把握や今後の生活に対する意向を確認しています。アセスメントに求められるコミュニケーションスキルとそのポイントを見てみましょう。

ケアマネジャー（以下、**CM**）　こんにちは、Cさん。あと2週間程で退院ですね。今日はCさんが退院後ご自宅での一人暮らしの生活をどのようにお考えか、お伺いしたいと思います。このまま病室でお話して構いませんか?（面接の目的を最初に説明し、その環境についての意向を確認しています。これは、面接の主導権が利用者にあることを示しています）

利用者　いいですよ。

CM　早速ですが、リハビリは順調に進んでいますか?（利用者が「はい」か「いいえ」ですぐ答えられる容易な質問から始めています）

利用者　はい、リハビリはかなり頑張っていますよ。

CM　そうですか、今のお返事からCさんの強い意志と努力が伝わってきますね。歩く練習では杖は使用しているのですか?（利用者の中にある真の思いや考え、感情にアクセスしようと試みています）

利用者　いえ、杖は使っていません。自宅の廊下は狭いから、壁にすぐ手が届くのでね（笑）、壁を伝って歩けるから安心なんですよ（気持ちを汲み取ってくれたケアマネジャーに対して、利用者に笑顔が見られます。次第に関係性が結ばれてきて、心を開きつつある状態です）。

CM　なるほど、それは移動しやすい環境ですね。ところで、入院前はできていて、退院後は不安に思うことは何ですか?（現状の課題を明確化する質問です）

利用者　お風呂です。病院では看護師さんが今も手伝ってくれているような状態ですからね。一人になった時にうまくできるか不安になります。

CM　そうですか。お風呂に不安を感じられるんですね。退院に向けて看護師にはお風呂について一人で入れるか相談されましたか?（利用者の感情にアクセスすることで、真のニーズを導き出すように努めています）

利用者　いいえ。看護師さんではなく、リハビリの先生に相談しました。すると、身体の動きとしては一人でも浴槽の出入りはできなくはないそうです。でもね……、今は自宅で一人では怖くて無理です。

CM　怖いというお気持ちはわかります。また転倒しないか不安になりますよね。以前のように一人で心配なくお風呂に入れるのが一番なん

ですが……。もう少し時間がかかるかもしれませんね（利用者の感情にさらに共感性を高めています。ニーズ解決の状態に言及しています。これは利用者の自立に向けたエンパワメントを引き出すコミュニケーションです）。

利用者 先生はできると言ってくれますが、どうしても気持ちがついていかなくて……。かといって家のお風呂は狭いので、誰かに介助してもらって入るのも無理があるでしょうね。

CM そうですか。一体何がCさんをそのような気持ちにさせるのでしょうか？（「なぜ」ではなく「何」を問う質問手法で、ケアマネジャーから追及されているのではないと暗に伝えています）

利用者 なんでしょうね。また転倒骨折で周りにこれ以上の迷惑をかけられないっていう気持ちの表れかしらね。

CM そうですか。万が一、自宅でのお風呂が一人ではやはり難しいとなった時には、サービスの力を借りてお風呂に入ることになるかと思いますが、ご希望されますか？（援助希望の意思確認をしています）

利用者 はい、その際はよろしくお願いします。

CM わかりました。詳細はまたその時にお話ししましょう。他に不安に感じられることはありますか？

利用者 不安だらけですよ（笑）。まあ、近くに住む長男と嫁が色々と助けてくれると思うので、今のところはお風呂くらいですね（利用者が自ら冗談を言える雰囲気の関係性であることがわかります）。

CM そうですか（笑）。ところで、Cさんはリハビリをして、今より心も身体も元気が戻ったら何をしたいですか？（不安だけではない利用者の中にある真の思いを引き出す問いかけです）

利用者 知的障害者施設に入所中の長女に餃子を作ってあげたい。私の手作り餃子がとっても好きなんですよ。

CM まあ！ それはいいですね。私も餃子が大好物なんですよ（笑）。Cさんの作った餃子を食べてみたいです。あっ、図々しいですね、私（ケアマネジャーは自分自身の内側にも意識を向けています。不適切な発言だと判断したケアマネジャーはそれを言葉にして率直に利用者に伝えています）。

利用者	あなたも餃子が好きなの？ 私が作った時には是非召し上がってもらいたいわ。
CM	ありがとうございます。きっと美味しいだろうなって想像してしまって……。ところで、Cさん、手作り餃子なら、ご自身で生地をこねたり、具を作って混ぜたり、ひだを作りながら包んだりと、手を複雑に動かす動作になりますね（餃子を作ることによるもう一つの意味や意義を示唆することで、さらに回復への意欲向上につなげています）。
利用者	そうそう。最近のリハビリは歩くことばかりで、手の訓練は置き去りになっているからね。手や指を動かす練習にも早く取り組みたいです（利用者の意欲を引き出しています）。
CM	餃子を作ることができたら、Cさんが心配しているお風呂や身の回りの動作も、一人でうまくできるようになるかもしれませんね（努力の成果を言語化しています）。
利用者	本当ね（笑）。退院までまだ日があるから、リハビリ頑張るわ。
CM	そうですね、それが良いです。Cさんが安心して自宅で過ごせるように、リハビリの先生方と共に、自宅の環境や自宅での身体の動きを確認する機会を一度設けましょう。近いうちにCさんのご自宅にお伺いしてもいいですか（多職種からの見解をいただくことでアセスメントの精度をより高めようとしています）。
利用者	ぜひお願いします。私が自宅で過ごすには、退院までに何をすればいいかイメージが少しできました（利用者の現状を多様な切り口の質問によって整理し、明確化した結果、利用者の主体性を引き出しています）。

> **まとめ**
> ・アセスメントでは、悲しみや諦めの向こう側にある真の思いや考え、感情にアクセスし、真のニーズを導き出すコミュニケーションが求められます。

04 | 目標設定におけるコミュニケーション

> **POINT**
> 生活目標をいかに捉え、ケアプランに位置づけるかがとても重要です。

利用者の生活目標を適切に捉える

　ケアプラン原案はアセスメントの結果で作成しますが、生活目標をどう捉え位置づけるかが、利用者の今後の生活や人生を左右します。ニーズの見立てやサービスの手立てに対するプロセスはよく強調されますが、利用者にとって最も適切な目標設定を一体的に働きかけなければ真のケアマネジメントとは言えません。

　残念なことに、ニーズとサービスの調整をした後に辻褄合わせのように目標設定を記載するようなケアマネジャーも少なくなく、自立支援型の援助が実現しない大きな要因の一つになっています。

　運営基準第13条8には、指定居宅介護支援の具体的取扱方針の一つとして「提供されるサービスの目標及びその達成時期…等を記載した居宅サービス計画の原案を作成しなければならない」と定められています。ただ、目標設定に関する詳細で具体的な内容はここでは明示されていません。

　一方、平成24年3月に厚生労働省から発表された「介護予防マニュアル改訂版」では、「最も重要なことは、達成可能で、しかも本人の意欲を引き出せるような目標を設定することである」と指摘しています。目標設定は「かつて本人が生きがいや楽しみにしていたこと（しかし今はできなくなったこと）」で、「介護予防に一定期間取り組むことにより実現可能なこと」、そして「それが達成されたかどうかが具体的にわかること」がポイントです。これは、要介護者等にも十分通用する内容です。また、目標はあくまでも利用者の生活目標です。

目標にまつわる質問をしよう

　どのような目標を設定するかは、利用者との対話で明らかにしていきます。これがいかに重要なアプローチだとわかっていても現実は厳しく、目標設定に関心が低い、もしくは意思疎通が困難な利用者は、当然多くを語ってくれません。では、どうすれば利用者のやる気スイッチを入れることができるのでしょうか。

　それは、目標に関する質問を利用者にどんどん投げかけ、多少なりとも反応があるポイントを見つけたらそこを起点に、とことん利用者に話してもらうことです。人間の脳はアウトプットすることで活性化しますので、次第に目標に対して意識が集中してくると、「やってみよう」と思うからです。そのためには、まず図表6-6のような目標にまつわる数多くの質問を創り出す必要があります。

図表6-6　目標にまつわる質問例

☐ 目標は何ですか？
☐ いつまでに達成したいですか？
☐ 一年後に何を得たいですか？
☐ やりたいことは何ですか？
☐ 何を変えたいですか？
☐ 何を止めたいですか？
☐ やろうと思っていて、やっていないことは何ですか？
☐ 止めようと思っていて、止められないことは何ですか？
☐ 最終的にどうなりたいのですか？
☐ 今、話したいことは何ですか？
☐ 今日一番手に入れたいと思っているものは何ですか？
☐ それはあなたが本当にやりたいことですか？
☐ 今あなたが一番やりたいと思っていることは何ですか？
☐ どんな人生にしたいですか？
☐ 子どもの頃の夢は何でしたか？
☐ 目標を達成することで何を手に入れることができますか？
☐ それを手に入れると自分の人生にどんな影響が出ますか？
☐ 目標を達成した瞬間のことをイメージできますか？
☐ その目標を達成したら次にはどんな目標を持つことができますか？
☐ 予想される障害にはどんなものがありますか？

if質問の活用

　これらの質問のうちどの質問が心に刺さるかは利用者次第ですが、重要なことは、目標や夢への扉を開くコミュニケーションは、視点を変える質問が効果的だということです。固まった視点を移動させるための質問で本来の夢の存在に気づいてもらえる可能性が開けます。図表6-7のような「もし〜だったら、どうしますか?」という質問（if質問）は、「自分が本当にしたいことは何なのか」という思いを再び浮かび上がらせるのに役立ちます。利用者が心の底からそれを実現したいと思うまで、質問を繰り返し、とことん話してもらいます。対話を重ねるうちに視点が変わり、夢につながる道が目の前に広がっていることに気づくでしょう。

図表6-7 if質問

□何にでもなれるとしたら、何になりますか?

□子どもの頃から現在までの夢で叶っていないものを10個挙げるとしたら何ですか?

□もし3つだけ願いが叶うとしたらあなたは何を願いますか?

□子どもの頃の好奇心を今でも失っていないとしたら、どんな夢を追っていますか?

□完璧な人生を歩めるとしたらそれはどのようなものですか?

□使いきれないくらいのお金が手に入ったら何に使いたいですか?

□使いきれないくらいの時間があれば何をしたいですか?

□もし何の制約もなく、何でも自由にできるとしたらどんなことをしてみたいですか?

□5年後のあなたは今のあなたにどんな夢を追求してほしいと思っていますか?

目標を数値化して具体的なイメージを作る

目標達成後をイメージさせることも有効です。人は行動の先の良い結果をイメージできれば、驚くほど早くその行動に着手するものです。逆に、嫌なイメージを描いてしまうと、急がないでしばらく様子をみることになります。

ケアマネジャーが考えるADLやIADLが改善するといった目標だけでは不十分です。さらにその向こう側にある「ガーデンテラスを作る」「温泉旅行に行って楽しむ」等の生活の質に関する「良い感じ」のイメージがあってこそ成果が出やすくなります。利用者の持っているイメージを、今以上にQOLが高くなった未来に切り替えるコミュニケーションのテクニックが必要です。

また、目標を数値化するとさらに行動が促進されます。例えば、「3か月以内に、10メートル歩行のタイムを今の15秒から10秒以内に短縮する」としたほうが、「しっかり歩行ができるようになる」という目標よりも、利用者や家族、サービス事業者のやる気や行動に与える影響は全く異なり、数値化された目標は、努力を重ねるうちに目標が向こうから近づいてくるような感覚になります。

ケアマネジャーと利用者の目標設定場面

YケアマネジャーとDさん（86歳、男性、要支援1）との目標設定場面の面接です。居宅サービス計画の目標設定のためにDさん宅に訪問。目標設定に求められるコミュニケーションスキルとそのポイントを見てみましょう。

ケアマネジャー（以下、CM） Dさん、要支援認定の結果は、前回と同じ要支援1でしたね。

利用者 そうでした。一進一退というところで、この一年は現状維持ですね。

CM 今の状態を維持されているのもDさんの努力の成果ですからね。でもね、私はまだまだ改善できると信じていますよ。Dさんは、86歳という実年齢よりもとってもお若いですから（**目標設定場面の面接は、傾聴や承認のスキルを使い、最初から利用者のやる気スイッチを入れるコミュ**

利用者	Yさんにそう言われると、ついついその気になってしまうから不思議だね（笑）。
CM	その気になってくださると、とっても嬉しいです。実は、今日訪問させていただいたのは、Dさんが今後さらにどのような生活レベルまで高めたいのかをお伺いするのが目的です。今のお考えやお気持ちを本音で教えて欲しいんです。来週の担当者会議で、Dさんの望む生活を皆さんに知ってもらい共有したいと思っています（今回の面接の目的が目標設定であることを利用者に伝えています。本物の目標にするために利用者にストレートなリクエストもしています）。
利用者	歳も歳だし、今のままで十分だと思っているけどなぁ……。それで、何を答えればいいのかな。
CM	私からいくつか質問をさせていただきますね。現在、日課として、何かしていることはありますか？　たとえば、毎朝体重測定をしているとか、新聞や本を読んでいるとか（目標に関連する質問を利用者に投げかけています）。
利用者	そうだねぇ……。Yさんには伝えていなかったかな。実は、仕事をリタイアした65歳から20年以上続けている習慣があってね。柔軟体操。家内と二人で、朝食前に15分程度の短い時間だけど、これだけはずっと二人で続けてきたし、今はもう当たり前で生活の一部だね。
CM	それは、驚きました。凄いです。20年も継続しているのですか。だから、Dさんは老化を遅らせるアンチエイジングに成功しているのですね。若々しい身体を保っている理由もやっとわかりました（利用者の発言に対し、絶大な賞賛と意味づけをしています。これは利用者のやる気を高めるコミュニケーションです）。

利用者	ありがとう。この柔軟体操をしていたら、その日の体調の良し悪しがわかるのですよ。この体操のおかげで、自分は健康だと思っているし、これからも続けるつもりです。
CM	継続するものがあるということは、自信にもつながりますね。Dさんが柔軟体操を続ける理由はなんですか？(利用者にどんどん話してもらった後にも、目標に関連する質問をさらに投げかけています)
利用者	やはり健康な状態で長生きをすることですよ。不健康な状態になると家内や家族が悲しむでしょ。それにあまり迷惑もかけたくないからね。
CM	Dさんが、健康長寿を一日も長く続けられるように、来年の今日も、再来年の今日も、柔軟体操を継続しているように応援しますね。居宅サービス計画の中にそれを目標として記載しても構いませんか？(利用者が自ら語った言葉を使い、習慣化した行動をあえて目標に設定しています)
利用者	いいですよ。Yさんに褒めてもらえるとは夢にも思ってなかったけれど、当たり前の柔軟体操にいっそう力が入るね(利用者への承認メッセージは行動へのコミットメントを強化することになります)。
CM	Dさん、もう一つ質問をしていいですか？ Dさんの生活の中で一番のお楽しみって何ですか？(利用者にとことん語ってもらうための質問を重ねています)
利用者	そうだね……。息子と息子の友人たちと競馬場に行くことかな。みんな競馬が大好きでね。毎月通っていると顔見知りの競馬仲間もできてね、僕より年上の90歳代のギャンブラーもいるんだから、こちらも負けてられないよ(利用者が生きがいや楽しみにしていた領域の情報を引き出しています)。
CM	いいですね。老若男女関係なく、息子さんのご友人や競馬場で知り合った人たちを競馬仲間と言えるDさんはやはり生涯現役ですね。
利用者	でもね、ここ一年くらいはペースが落ちてしまってね。体力が落ちてしまったせいか、周りが気を遣って遠慮しているのか、実際は2、3か月に1回になっている……(以前のようなペースが維持できなくなって

CM	それは、由々しき事態ですね。それでも競馬を続けているDさんにとって、競馬の魅力とは何ですか？（生きがいや楽しみにしている理由を語ってもらうことで、利用者が大切にしている価値観を引き出しています）
利用者	競馬にはたくさんの人がかかわっていて色々なドラマがあるから引き込まれるね。予想も楽しい。当てた時は仲間やそばにいる人たちも一緒に喜んでくれて絆を感じるし、何とも言えない達成感でしびれるんだよ。
CM	Dさんがもしいつまでも現役でいられるとしたら、何歳まで続けたいですか？（if質問で視点を変える質問を投げかけています）
利用者	万馬券を当てるまでかな。最高齢の仲間より上に行けたら最高だね。少なくともあと10年は頑張りましょうか。
CM	素敵ですね。本当に達成しましょう。では、ここまでの話を整理しますね。Dさんがこれからも健康長寿で過ごしていくために目標を立てるとしたらどんな目標がいいですか？（モチベーションが上がったところで、利用者自身に具体的な目標を自分の言葉で語ってもらう質問をしています）
利用者	あと10年は月に1回競馬場に出かけること（笑）。そのためには、簡単には老けていられないよ(笑)。柔軟体操やリハビリもちゃんと継続していかないとね。
CM	そうですね。毎月競馬場に出かけることはとってもいいと思います。1年後Dさんはどんな風に生活を楽しんでいると思いますか？（目標が達成した時の良い結果を利用者にイメージしてもらう質問をしています）
利用者	毎月競馬場にいく生活が最高だから、1年後は最高の生活を実現したいね。競馬場は本当に若い頃から大好きだった。あんなに楽しいと

（前の文脈から：いる事実やその理由を引き出しています）。

ころはない（目標を「月1回」と数値化することで、やる気やこれからの行動が促進されています）。
CM 　Dさん、熱いですね。今おっしゃったことを居宅サービス計画書に載せますから、来週皆さんに聴いてもらいますね。よろしいですか？
利用者 　はい、よろしくお願いします。

> 6 実践編―ケアマネジメントプロセスや援助実践の中での応用―

まとめ
- 目標はかつて利用者が生きがいや楽しみにしていた領域で、本人の意欲を引き出せるような設定にすることが大事です。
- 目標設定は、数値化することで、利用者のやる気スイッチを入れることができます。
- 目標が達成した時の、良い結果を利用者にイメージしてもらうことも有効です。

05 サービス担当者会議におけるコミュニケーション

> **POINT**
> 合意形成ができる創造的な会議の特徴は、質問で双方向のコミュニケーションを作り、自発的な行動を生む会議です。

コンセンサスとアサインメント

　ケアマネジメントプロセスにおけるコンセンサス（合意形成）やアサインメント（割当）を決定するミーティングがサービス担当者会議（以下、「担当者会議」）です。担当者間で情報を十分に理解し共有するコミュニケーションの場です。

　運営基準第13条9において、担当者会議とは、「介護支援専門員が居宅サービス計画の作成のために、利用者及びその家族の参加を基本としつつ、居宅サービス計画の原案に位置付けた指定居宅サービス等の担当者を召集して行う会議」と規定しています。そして、「利用者の状況等に関する情報を担当者と共有するとともに、当該居宅サービス計画の原案の内容について、担当者から、専門的な見地からの意見を求めるもの」としています。

　同第23条3では、「利用者の個人情報を用いる場合は利用者の同意を、利用者の家族の個人情報を用いる場合は当該家族の同意を、あらかじめ文書により得ておかなければならない」と担当者会議に際しての秘密保持を求めています。

　真に効果的な担当者会議とは、利用者自らが自立に向けたサービスを主体的に活用できるようにすることです。自分に課せられた目標は何か、どのようなサービスが、いつ、どこで、誰が、誰に、どのように、いつまで行うのか、そしてどのような効果や成果を享受できるのか等の情報を、全員が合意してはじめて実現します。このコミュニケーション実践が会議の良し悪しを決定します。

　まずは、事前準備つまりセットアップです。具体的には、「会議場所の設定」や

05 サービス担当者会議におけるコミュニケーション

図表6-8 創造的な会議

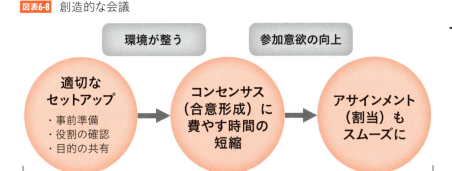

「必要書類等の用意」などがあり、実際の会議では、「参加者間の自己紹介を促す」「会議の終了時間を伝える」「司会の役割を確認する」「開催の目的や目標を明確に伝える」「会議の展開について最初に参加者に伝える」など多岐にわたります。

　適切なセットアップは、コンセンサスに費やす時間を非常に短くします。また、参加者の参加意欲も高まり、アサインメントがスムーズに進みます。コミュニケーションが活発になる会議には必ずそれ相応の環境が準備されているものです。

会議の流れを作る

　担当者会議でケアマネジャーが抱える不安や恐れに、間違いの指摘、反論、批判や非難、不平不満等があります。司会のケアマネジャーが一方的に矢継ぎ早に話す場面が多いのは、この恐怖を避けようとする防衛的な態度の一つです。これは、客観的な視点で会議の流れをしっかり作ることで解決します。

　会議の展開は次の通りです。

❶会議をどのように進めていくかを参加メンバーに伝えます。

❷居宅サービス計画全体の内容説明し、確認事項について質問を求めます。

❸「解決すべき生活課題」と具体的な解決方法を示しながら、掲げた短期・長

期目標が妥当な内容となっているのかを協議します。

❹居宅サービス計画に位置づけた担当者からの意見を求めながら、利用者や家族に確認を行いつつ、調整をしていきます。

❺協議された内容に基づき、居宅サービス計画の原案を見直し、参加メンバーとの合意を得た上で修正し、完成させます。ここで最終的なコンセンサスやアサインメントが決定します。

❻会議において、解決に至らなかった課題や今後の支援において留意すべき視点、例えば、改善の可能性と悪化の可能性について確認をしておきます。

会議におけるコミュニケーションで大切な点は、今どの段階にあるのかを常に意識することです。アイデアが出てこない時には、「今以上に利用者の対人交流を活発にするためには、他に方法はありませんか」等の質問を投げかけます。

有益な発言があれば、「今の発言で趣味の仲間に協力いただける可能性が出てきました」などと肯定する言葉で承認します。「最初に発言してくれてありがとうございます」「建設的な意見に感謝です」「たくさん発言をしてくださいました」等も使えます。

また、「名前を呼ぶ」「参加者全員に発言してもらう」ことも重要です。参加者一人ひとりが会議にとって大切な存在であることが伝わるからです。参加者の安心感がぐっと高まったところで、「今回の会議の提案の中で明日から取り組みたいと思われたものは何ですか？」と利用者に質問し、次への行動を促します。

参加者の一人が発言している途中に、他の参加者が話しに入ってきたら、「少し待ってもらえますか。まずは〇〇さんの発言を聴きましょう」と先の発言を聴くことを促します。後で必ず発言の機会を提供することを忘れてはなりません。

合意に至るには、必ずお互いに意見を述べる機会があり、その発言を参加者同士で聴き合います。人は自分の意見が聴かれた時にはじめて自分の意見を譲ってもいいという心理状態になるからです。会議でコンセンサスが生まれる瞬間です。

ケアマネジャーが司会をするサービス担当者会議の場面

　Yケアマネジャーが担当するEさん（85歳、女性、要介護1）の担当者会議の場面です。参加者は、Eさん、娘さん（60歳、Eさんの長女、独身同居）、O主治

05 サービス担当者会議におけるコミュニケーション

医、P訪問看護師、Q通所介護生活相談員、R福祉用具専門相談員、Yケアマネジャーの7名です。意見が異なる状態からいかに合意形成に至るか、会議に求められるコミュニケーションスキルとそのポイントを見てみましょう。

ケアマネジャー（以下、CM） こんにちは。本日はEさんがご自宅で健やかに過ごすために支援している関係者の皆さんにお集まりいただきました。ありがとうございます。担当ケアマネジャーで本日の司会を務めるYです。よろしくお願いします。要介護認定の更新に伴い、現在の介護サービスの見直しを検討するのが今回の会議の目的です。Eさんの希望や思いを共有し、実現するための会議にしたいと思います（会議場所の設定、備品や必要書類等の準備、司会の役割確認、会議の目的や明確なアウトプットイメージの共有化等のセットアップをしています）。

利用者 わざわざお忙しいのに、私のために集まっていただきありがとうございます。

長女 皆さんよろしくお願いします。

CM では、参加いただいた方々を紹介します。左から、主治医のO先生。訪問看護のPさん。デイサービスのQさん。福祉用具レンタルのRさんです。各専門分野からご意見いただきたいと思いますので、よろしくお願いします。会議終了時間は今から30分後の予定です（参加者の紹介、コミュニケーションが活発になるような会議の展開や終了時間を伝えるセットアップは、議論に費やす時間を非常に短くします）。

利用者 いつもお世話になっています。

CM 今回の更新結果は前回同様要介護1でした。ご高齢でありながら現状を維持されているのは、サービス担当者の皆さんの支えももちろんですが、何よりもEさん自身の努力の結果です。日頃から自宅で体操や運動を継続的に頑張ってこられましたからね（承認することで担当者や利用者の参加意欲を高めています）。

利用者 はい。毎日できるだけ歩いています。こうやって腕を上げて体操もしています。

長女	でもね、屋外を歩く時は、誰も追いつけないくらいの凄いスピードなので心配です。一緒に歩く私のほうが疲れ果ててしまいます（笑）。
CM	実は、今、娘さんがおっしゃられたように、病気があるのに運動し過ぎではないかと案じておられます。救急搬送での緊急入院がここ数年は続いているからです（批判的な発言や不満に対して頭ごなしに否定することなく、介護者家族の考えや思いとしてしっかり受け止めています。これは介護者家族にとっては最大の承認になり、意欲を引き上げます）。
長女	そうなんです。疲れている時はデイを休みなさいと母に言いますが、私の心配をよそにデイへ行っていつものように運動をするんです。
利用者	何もしないでじっとしているほうが病気になる。
CM	わかりました。お二人の間には意見の食い違いがあるようです。では、事前に配布いたしました居宅サービス計画書をご覧ください。まず、Eさんの意向は「長女には、私の夫がなくなってからは特に世話になった。これ以上長く無理をさせたくない。自分でできることはできる限り自分で努力していきたい」ということです。また、娘さんの意向は「母は頑固で、私の意見にはかなり反発的です。でも、幼い頃から優しく育ててくれた母には親孝行をしたい。母が元気で過ごしてくれることが一番です」と聴き取りをいたしました。お二人とも間違いや補足はないですか？（居宅サービス計画の記載内容の確認を利用者や家族に行いつつ、意向の共通点と相違点を明確化しています。担当者全体で今どの段階にあるのかを共有理解できます）
長女	その通りです。
利用者	この間、お話した通りの内容です。
CM	本日の会議のポイントはサービス担当者会議の要点にもあるように、Eさんも娘さんもお互いが大切な存在ですが、残念ながら思いがすれ違っておられます。解決するアイデアを一緒に検討したいと思います。では、O先生、運動と病気の関係性など専門的な見地でのご意見をお願いします（居宅サービス計画に位置づけた担当者からの意見を求めながら、問題解決のためのアイデアを引き出す場になるよう働きかけています）。

主治医 そうですね、Eさんはペースメーカーをしていますから、運動して心拍が上がっても、ペースメーカーが調整します。どちらかというと、運動をしないほうが深刻な状態になり、どんどん弱りますよ。運動は汗ばむ程度の負荷があるほうが効果的です。Eさんも自分で運動していて心地良い程度の負荷であれば、何の問題もありません。むしろ、どんどん運動してください。

利用者 O先生、ありがとうございます。運動することはやはり間違っていなかった。

長女 先生のおっしゃることはわかりました。本人の感覚に任せて大丈夫なんですね。

主治医 身体の本来の機能は正常に働こうとする自己コントロール機能が働くのですよ。なので、本人が大丈夫だと感じている間は大丈夫だと思います。

長女 母が散歩する時間帯は私が料理や家事をする時です。一緒に散歩したくても、母が出発を待ってくれないのが嫌なんです（医師の専門的な見地からの説明で、過度な運動の不安は解消されたものの、運動するタイミング等一方的な利用者の態度に対する不満が本当の不安であることが引き出されています）。

訪問看護師 そのことを心配する気持ちはわかります。歩くスピードがとても速いですから、一人で散歩に出るのはリスクが高いです（双方向のコミュニケーションの環境を作っているので、他の担当者からの自発的なコミュニケーションが生まれています）。

CM Pさん、ご意見ありがとうございます。Eさんの運動は今後も不可欠ですが、一方で娘さんの心配するお気持ちもごもっともです。Eさん、どうすれば娘さんはEさんの散歩にご一緒することができますか？（問題解決する当事者として、利用者に問題解決のアイデアを引き出す質問をしています。利用者本人の主体的な意思や気持ちを尊重しています。ケアマネジャーの中には、問題解決案をすぐに提案し助言をする人もいますが、利用者の真の自立支援にはつながりません）

利用者	どうしましょう……。私には時間がたっぷりあるから、娘が散歩に行ける時間を毎日事前に教えてもらえばいいかな。
CM	娘さん、今のEさんの提案はいかがですか？（仲介者として親子間のコミュニケーションの活発化と相互理解を図っています）
長女	それなら、助かります。私も予定があるので、私に合わせてくれると助かります。
訪問看護師	Eさん、娘さんはいつも心配してくれているんだから、気持ちをわかってあげないとだめですよ。
利用者	はい、すいません。
CM	今回娘さんの気持ちを言葉にしてくださったおかげで、Eさんに娘さんの気持ちが届いて良かったです（発言に対する感謝を伝えることで誰でも話しやすい雰囲気を作り出しています）。
長女	お母さんの気持ちもわかったよ。ありがとう。でも、デイに行った時の運動も無理してほしくないのよ。
CM	Qさん、そのことで何か安心できる工夫はありますか？（他の専門職からアイデアを引き出す質問を投げかけています）
通所介護生活相談員	そうですね。そのお気持ちを連絡帳に記入すること、送迎の時にスタッフに声かけすること、直接電話で話すことなどご都合の良い方法でお伝えいただければ、配慮したケアができます。看護師による血圧測定など健康管理はさらに気をつけます。
CM	娘さん、今の提案はいかがですか？（質問をすることで、主体性を尊重したコミュニケーションを徹底しています）
長女	では、送迎の時に声かけするか、直接お電話します。今日は私の本当の気持ちを知ってもらえたので相談しやすくなりました。
CM	お役に立てそうですね。では、Qさんよろしくお願いします。福祉用具レンタルのRさん、何かご意見はありますか？（他の専門職からアイデアを引き出す質問を投げかけています。同時に参加者全員が発言できるような配慮をしています）
福祉用具専門相談員	そうですね。散歩の際に何かつかまる物が欲しいなど

	ご要望があればご相談ください。自宅周辺の地域は小さな段差が多いので環境にあったものをご提案させていただきます。
CM	ありがとうございます。今回はサービス内容の大きな変更点はありませんが、お二人の生活をさらに支援するためのアイデアがいくつか提案されました。Eさんの生活目標の実現に向けて各担当者やEさんの役割も再確認できたと思います。それでは、最後にEさん、娘さんから一言お願いします（参加者全員が意見を述べる機会があり、その発言をお互いに聴き合う環境があるからこそ、人は自分の意見を譲ってもいいと思います。意見の相違は、まさにコミュニケーション不足から生まれることがほとんどなので、会議であらためて双方向のコミュニケーションを創造すれば、コンセンサスは可能なのです）。
利用者	元気でいようと頑張ってきたことが、逆に娘に余計な負担をかけていたことを知りました。今日は多くの人に支えてもらっていることをあらためて実感もしました。心から感謝です。これからも長女と暮らせることを一番に望みます。よろしくお願いします。
長女	皆さん、よろしくお願いします。親子だとどうしても感情的になるのですが、皆さんが間に入ってくださったことで本音を話すことができました。ありがとうございます。

まとめ

- ケアマネジメントプロセスにおけるコンセンサス（合意形成）やアサインメント（割当）を決定するミーティングがサービス担当者会議です。
- 真のサービス担当者会議は、利用者自らが自立に向けたサービスを主体的に活用できるようにすることです。

06 モニタリングにおけるコミュニケーション

> **POINT**
> モニタリングは、要する時間が長く、相当なエネルギーがいります。
> 具体的な目標に対する評価とその共有を図ります。

モニタリングの目的を共有する

　モニタリングとは、居宅サービス計画に位置づけられた目標の達成状況や、サービス提供状況、ニーズの充足状況や新たなニーズの発生等をチェックすることです。いずれも記録で確認できる状態が求められています。

　運営基準第13条13には、「居宅サービス計画の実施状況の把握（利用者についての継続的なアセスメントを含む）を行い、必要に応じて居宅サービス計画の変更、指定居宅サービス事業者等との連絡調整その他の便宜の提供を行うものとする」とあり、同14で「利用者及びその家族、指定居宅サービス事業者等との連絡を継続的に行うこと」と定めています。

　ケアマネジメントプロセスの中では、モニタリングに取り組む時間が最も長く、気力と根気が必要です。相当な時間を要するのも、コミュニケーションを通じた情報収集や情報共有がベースになっているからです。

　モニタリングにおいて最も重要な要素は、具体的な目標に対する評価とその共有です。援助目標が抽象的で具体化されないまま利用者を支援すると、利用者や担当者間で情報を正しく共有することができず問題が起こることがあります。例えば、「元気さが増す」という目標に対して「利用者は前月よりかなり元気になりました」という報告を受けても、受け手によって利用者の元気になったイメージはさまざまです。モニタリングにおけるコミュニケーションスキルの差がケアマ

06 モニタリングにおけるコミュニケーション

図表6-9 モニタリングにおけるコミュニケーションのポイント

ポイント①	ポイント②
目標に対しての評価（達成 or 未達成）とその共有	利用者の変化や違いに注目して、言語化する（承認する）

ネジメントの質の違いを作り出します（図表6-9）。

まずは、モニタリングの意味や目的を利用者に理解してもらいましょう。モニタリングは利用者にとっては専門用語です。事前に説明することなしに利用者に乱用してはいけません。例えば、「モニタリングをそのまま訳すと見守りです。ここでは、ご利用者の望む暮らしの目標がどの程度近づいているかを毎月定期的にチェックし、チームメンバー間で共有することです」と言葉を噛み砕いてわかりやすく伝えることです。

どのようなモニタリングでも、利用者の変化や違い、成長や成果にいち早く気づき、言語化してはっきりと伝える承認の言葉が欠かせません。「背筋がピンと伸びてきましたね」「明るい表情が増えましたね」等の言葉はケアマネジャーの利用者への関心の高さを証明するものです。太陽の陽射しが絶え間なく万人に注がれるように、ケアマネジャーは、「今日も時間どおりですね」「あの一言で私も励まされました」「○○さん、ありがとう」等の承認メッセージをこまめに継続的に伝え続けましょう。

目標の達成度合いを確認する

PDCAサイクルの考え方では、目標設定の際にそれがどの程度達成されたかを、誰が・いつ・どこで・何を・どのように評価するかを事前に決めておきます。モニタリングでは、例えば一つの例として、ケアマネジャーが・最低でも月1回・利用者宅で・目標達成度を5段階でチェックします。

具体的な数値目標なら達成度を出すのは簡単です。「週6回の屋外散歩を毎日15

分間実施し、カレンダーに自ら記録する」という目標であれば、1回15分以上で5週間、合計30回の歩行機会があるうち、90％以上～100％（27回～30回実施）は5点、70％以上～90％未満（21回～26回実施）は4点、50％以上～70％未満（15回～20回実施）は3点、30％以上～50％未満（9回～14回実施）は2点、0％以上～30％未満（0回～8回実施）は1点とします。この評価基準をあらかじめ決めておくだけでチェックが一段とやりやすくなります。「今回は28回達成できたので5点です。相当な努力をされましたね」と達成度を数値で評価しながら、心からの承認も併せて伝えます。また、ほとんど達成できていない結果なら、「今回は1点です。とても残念でしたね」と一緒に負の感情も共有します。

　しかし、数値化されていない目標で客観的評価が困難な場合にはどうすればいいでしょうか。それは、理想の状態を10点満点とし、今の状態を得点化する質問が効果的です。主観的ですがある程度の評価が可能です。「毎日積極的に運動している状態を10点だとしたら、この1か月の取組みは平均して何点ぐらいになるでしょうか?」と問いかけます。漠然とした事実を点数化することで、現状や課題を浮き彫りにする手がかりになります。

　モニタリングでは、目標の進捗状況が滞っていると、「とにかくやり続けましょう」「もっと頑張ってください」等の言葉がけをしたくなるものです。場合によっては「怠けてはだめ」「やる気を出して」等の叱咤激励を飛ばしたくなる時もあります。このようなケアマネジャーからの強い励ましは、場合によっては指示や命令、批判として受け取られることがあり、むしろ逆効果です。結果につながらないような時は、その理由や原因が何かを利用者に直接語ってもらいましょう。そして、目標を達成することの意義や意味を再確認し、利用者自身の目標であることの意識を高めます。初心に立ち返るきっかけになります。

　信頼関係があるなら、思い切って利用者に行動の要望をストレートに伝えることができます。利用者からの考えや気持ちをとことん引き出し、利用者が行動に移してみると宣言した直後に、「何があっても必ずやってくださいね」と低く落とした真剣な声で要望します。そして、自分で決めた行動に関してどんな言い訳や反論も受けつけないことをお互いに確認します。固い約束が二人の間に生まれたらリクエストは成功です。

06 モニタリングにおけるコミュニケーション

ケアマネジャーと利用者のモニタリング場面

　Yケアマネジャーが2年間担当してきたFさん（81歳、女性、要介護1）と夫（82歳、男性）同席でのモニタリングの場面です。モニタリングに求められるコミュニケーションスキルとそのポイントを見てみましょう。

ケアマネジャー（以下、CM）　Fさん、こんにちは。今日は随分冷え込みますね（長期援助関係のモニタリングでは、時間をかけて培われた親しさが、馴れ馴れしさに変わってしまう恐れがあるので、油断大敵です）。

利用者　よく来てくれましたね。寒いから早くお入りください。

CM　ありがとうございます。では、失礼します。

夫　よくいらっしゃいました。いつも時間通り、それにYさんはいつも元気いっぱいだね。

CM　嬉しいです。普段から、よく食べて、よく寝て、手洗いとうがいは欠かさずやっていますから（笑）。そういえば、Fさんも週4回欠かさず取り組む活動がありましたね。前回活動目標としてやってみたいとお約束をしたフラフープはいかがですか？（利用者の具体的な目標がどの程度実現しているかをチェックし、情報を共有しようとしています）。

利用者　えっ……、やっていますよ、時々だけど……。

夫　ウソ、ウソ、全くしていないでしょ。先月デイサービスのフラフープ教室に参加して、たちまち気に入ってね。道具も揃え、先生にやり方まで指導してもらったのに……。

CM　あはは（笑）、そうですか。一人でするとなると、なかなか難しいですよね。「デイサービスのない日で自宅にいる時はフラフープをする」と勢いよくおっしゃっていましたが（笑）。では、いくつか質問していいですか。フラフープをきちんとしている状態が10点だと

167

したら、この1か月の取組みは平均して何点ぐらいになりますか？（数値化されていない目標のチェックは、理想の状態を10点満点とし、今の状態を利用者の主観的でもいいので採点させる質問が効果的です。結果が出ても出なくても、その理由や原因が何かを利用者に直接語ってもらいましょう）

利用者 2点かな、いや1点、本当は、0点です。やっぱり、面倒くさい（笑）。

CM そのようなお考えになるのもわかる気がします（笑）。正直に答えてくださりありがとうございます。では、玄関のスリッパや靴を揃える活動は毎日どなたがされていましたか？（目標の進捗状況が滞っていると、つい叱咤激励や改善策の提案をしたくなりますが、ここではグッとこらえて現状を事実として受け止めています）

利用者 私、私がやっていますよー。ちゃんと夫の分までしていますから。よくぞ尋ねてくれました（笑）。

CM あー、それはよかったです。継続できているのですね。10点満点で言うならどうでしょう？（承認メッセージをこまめに伝えています。そして、利用者に自ら自己評価する機会を提供しています）

利用者 これは自信を持って10点（笑）。

CM 素晴らしいです。しかし、0か100かって面白いですね。情熱的なFさんらしいです。ご主人も助かるのではないですか。それでは、散歩はどうでしたか？（利用者の成長や成果にいち早く反応し言語化してはっきりと伝えています。ケアマネジャーの主観的なフィードバックを通して、利用者がより客観的に自身の行動の振り返りができるように働きかけています）

利用者 今の季節は外に出ると寒いからね。あまりよい成績ではないわ。4点くらいかな。

夫 この1か月は孫が来てね、そのお世話で忙しかった。それで妻と散歩に出かけることができなかった。これは私にも責任があります。

CM	そうでしたか。可愛いお孫さんとの時間はきっと楽しかったでしょうね（明確な理由であまりできていない結果に対しても、責めるコミュニケーションを避けて、その事実を肯定的に受け止めようとしています）。
利用者	孫は育てる責任がないから、どうしても甘やかしてしまうわ（笑）。自分にも甘くなってしまう（笑）。
CM	うまく言いますね（笑）。ところで、先月の担当者会議で、Fさんが一番望んでいることを尋ねたら、「寝る前に一人でゆったりお風呂に入ること」だと答えられました。実際はどうでしたか？（冗談を言い合える関係は信頼関係が形成されている証の一つです）
利用者	2、3日に1回くらいは入っていますよ。それくらいでちょうどいい。
CM	ということは、点数をつけるなら高得点ですか？（ケアマネジャーの物差しで判断しないで、あくまでも利用者の物差しでの高いか低いかの判断を委ねています。このことで利用者の主体性を引き出すことになります）
利用者	そうね、8点か9点をつけてもいいでしょう（笑）。
夫	半年前に浴槽をまたぎきれずに浴室で転倒して、救急車を呼んだことがありました。あれ以来心配なので、私は妻のお風呂の見守りをこまめにやっています。
CM	Fさんが好きなことは自然に結果がついてくるようです。それにご主人さんが見えないところでしっかりと支えておられますからね。あの時は本当に大変でしたが、大きな怪我もなく不幸中の幸いでしたね。Fさんはご主人さんはじめ、信頼できる家族に囲まれて幸せですね。ところで、Fさんが一番好きな時間はいつですか？（利用者の置かれているプラスの環境に素早く気づき、承認やフィードバックで具体的に伝えようとしています）
利用者	やっぱりお風呂。寝る前に一人で入りたい。
CM	お風呂が好きな理由は何ですか？（相手にプレッシャーを与えないよう、「なぜ」ではなく、「何」の問いかけをしています）
利用者	ゆっくりと一人の時間を過ごせるし、身体が温まると気持ちいい。気分もいい。リラックスできる。

6 実践編―ケアマネジメントプロセスや援助実践の中での応用―

CM	最高の時間ですね(笑)。では、再び救急車で運ばれないように予防するにはどうしたらいいですか？(目標を達成することの意義を確認し、利用者自身の目標である介護予防の意識を高める質問です。生活上のリスクを自ら考えることで初心に立ち返るきっかけになります)
利用者	……そうね。運動する必要があるかな。足が弱ると転んでしまうから。
夫	だから、デイサービスで毎週リハビリを続けているのでしょ。
利用者	家でもね、テレビを見ながら腕をグルグル回しているし、椅子に座って足上げ体操もやっていますから。私はね、昔から自分で決めたことは必ずやるタイプでね。
CM	Fさんは一度本気で決めたことは、必ず実行しますよね。実際、玄関の靴を揃える活動は10点、寝る前のお風呂は9点と素晴らしい取り組みでした。では、0点だったフラフープですが、とてもいい運動になると思うんです。この1か月で何点を目指しますか？(利用者が語った言葉を繰り返し、ケアマネジャーが受け止めていることを意図的に表現しています。そして、次の目標の達成度をどこに置くか利用者自ら決めるように働きかけています)
利用者	はぁ……。そういえば口だけの時もあったのを忘れてた(笑)。まあ、やるからには10点近くはしなくちゃね。
CM	では、フラフープについて週4日、いつ、どこで、どれくらいの時間で取り組みますか？(目標達成に対して新たな決意を引き出し、次回にはより客観的な評価ができるようになります)
利用者	そうだね、お昼ご飯を食べる前に、家の居間で、3分くらいテレビを見ながらやりましょうかね。フラフープをしないとご飯が食べられないくらいの気持ちでやります。
夫	真面目にやらないと本当にお昼抜きになってしまうよ、口だけにならないように（笑）。
CM	では、最後に4点をつけた散歩はどうですか？
利用者	孫も娘も自分の家に戻っていったから、これからは10点を目指して

06 モニタリングにおけるコミュニケーション

主人と二人三脚でやりますよ。

CM Fさん、何があっても必ずやってくださいね。歩くことがFさんの人生を支えます。散歩やフラフープだけではなく、お風呂も靴やスリッパの活動も必ずやり続けてください。約束ですよ。また1か月後にお伺いしますからね（思い切って利用者に約束を守る要望をストレートに伝えています。利用者が行動に移してみると宣言した直後に、「必ずやってくださいね」と低く落とした真剣な声で伝えることがその秘訣です）。

利用者 Yさん、毎月真剣に見守ってくれてありがとう。Yさんの言葉かけは力になります。年齢がいくと億劫なことが多くてね。すぐにやめてしまうことがあるかもしれないけど、頑張らなければね。

---

6 実践編―ケアマネジメントプロセスや援助実践の中での応用―

まとめ

- モニタリングとは、居宅サービス計画に位置づけられた目標の達成状況やサービス提供状況、ニーズの充足状況や新たなニーズの発生等をチェックすることです。
- 「明るい表情が増えた」等の利用者の変化や違い、成長や成果にいち早く気づき、言語化してはっきりと承認メッセージを伝えましょう。
- 信頼関係があるなら思い切って利用者にストレートな要望を伝えてみましょう。

07 | 高齢者の特徴とかかわり方

> **POINT**
> リアルタイムで喪失体験をしている利用者には、
> 「頑張ってね」という激励ではなく、
> 「頑張ってるね」という承認や傾聴を優先しましょう。

孤独は隠される

　75歳を過ぎると、歩行速度が急速に遅くなることがわかっています。特に女性は筋力低下が著しく、歩く速さが正常の秒速1メートルを割ると、真っ先に買物や調理の食事関連行為が困難になり、日常生活に大きな負の影響が出ます。これが老化の始まりで、身体面の低下からくるADLやIADLの喪失体験です。

　また、日常生活における数々の喪失体験の中でも、家族や親友、長年飼っていたペット等の死は絶大なダメージをもたらします。人生の晩年に起こる社会面での愛情対象の喪失は、どうにもならないほどの孤独感を一気に引き寄せます。

　孤独はスティグマです。スティグマとは、汚名の烙印を押されるという意味で、ネガティブな意味のレッテルです。高齢者にとって孤独はイメージが悪く、周りに知られたくないものです。当初はそれほど大きな問題であることを自他共に認識せず、そのうちに回復するだろうと高を括って対応します。もしくは無理やり我慢し、孤独を否定し、なかったことにする場合さえあります。孤独感に対する適切な対応を怠ると、いずれうつ病やBPSDを伴う認知症を誘発することもあるので侮ってはなりません。当然QOLも低下の一途です。

　要支援状態や要介護状態になった高齢者等は、ただ単に生活支援や介護が必要になった人ではありません。ここまでに価値ある多くのものの喪失をリアルタイムで体験しています。利用者へのコミュニケーションの第一歩は、利用者が直面している喪失感の理解と低下したモチベーションを回復する対話です。

ケアマネジャーと利用者との対話

YケアマネジャーとGさん（79歳、男性、要介護1）との対話場面です。利用者の喪失感を理解し、動機づけを試みるコミュニケーションの実際です。

ケアマネジャー（以下、CM） Gさん、おはようございます。先日の初めての面談ではお世話になりました。今から少しお時間いただけますか（お互いに向き合うコミュニケーション環境を作ろうとしています）。

利用者 おはよう、Yさん。先日はお世話になりました。お忙しいのにお越しいただいて……。よろしくお願いします。

CM ところで、Gさん、表情が前回より少しすぐれないようにお見受けしますが……（非言語的メッセージに込められた意味を探求しています）。

利用者 あっ……。そう見える？ 最近は年齢のせいかだんだん身体の動きが鈍くなってきてね。思うようにテキパキとはいかないけど、体調のほうは変わりないですよ。それよりも、2か月前に長年連れ添った家内を見送ったばかりでしょ。慣れない一人暮らしは身にしみるよ……（配偶者の死による大ダメージの中で、感情の動きに注目する必要があります）。

CM この2か月は本当に良く頑張られました。奥さまはGさんにとってとても大切な人でしたよね。お気持ちをお察しするといたたまれない気持ちになります（相手の感情に気づき理解しようと努めています）。

利用者 私が先に逝くつもりだったのに、よりによって私が残ってしまうなんて……。いっそあの世にいる家内が早く迎えに来てくれないかなぁ（早く迎えに来てほしいのは、本当に死にたいのではなく、厳しい現実からの回避思考があるからでしょう）。

CM 私にはGさんのお気持ちのすべてを理解できないかもしれません。

	孤独な生活はきっと寂しいという言葉だけでは語り尽くせない複雑な思いなのでしょうね。ところで、どんな奥さまだったのですか？（エピソードを引き出すことで孤独感や愛情対象の度合いを測ろうとしています）
利用者	若い頃から変わらずいつも明るい女性でね。最期の最期まで笑顔を絶やさず、「一人になってもちゃんと食事をしなくちゃダメだよ」って息が浅くて苦しそうなのに、私を気遣ってくれました。最期の言葉は「お父さん、ありがとう……」でした。……私はこれから本当に一人で生きていけるのでしょうか？

　Gさんの「一人で生きていけるのか」という問いかけに対して、担当ケアマネジャーのあなたならどのように答えるでしょうか。

　経験の浅いケアマネジャーなら、「大丈夫ですよ、Gさんなら一人で生きていけますよ」と根拠のない再保証でストレートに答えるかもしれません。ベテランなら「そんな弱気なことを言ってどうするのですか。甘えていたらダメ、頑張るしかないですよ」と親が子に言うような権威的な態度で接するかもしれません。

　いずれにしても、一時的な効果にしかならないでしょう。なぜなら、やる気は人から与えられるものではなく、その人の内側から引き出すものだからです。

　それではどうすればいいのか、Yケアマネジャーの実践例を見てみましょう。

CM	……。ほんとに良い奥さまで、自分のことより、Gさんのことを心配されるような優しくて愛情深い方だったんですね。それだけに、一人での生活は、心細いというか……、きっと心に穴が開いたような感じになりますかね（沈黙の傾聴や承認によって、まずは相手の立場や気持ちを理解し共有しようとしています）。
利用者	私にはもったいないくらいよくできた家内でした。まだ信じられません。今でも家内が台所に立って食事の準備をしているのではないかという感覚になる……（喪失感が深いほどモチベーションは低下します）。
CM	そうなんですね。お互いに感謝を伝えるその言葉は、お二人での生活が本当に充実されていたという証に見えます。心細いというよりも、今は悔しい気持ちのほうが勝っているのではないですか？（適切

なタイミングのフィードバックと承認で本当の気持ちに迫ろうとしています）

利用者 家内はまだ70そこそこの年齢でしたから、言葉にはしませんでしたが、私なんかより家内のほうがさぞ悔しかっただろうと思います。

CM はい、おっしゃる通りかもしれません。もう一つ質問してもいいですか？　奥さまが今のGさんを見たら、何とお声かけされると思いますか？（視点を変える質問で自分自身の置かれている立場を客観的に眺めるように促しています）

利用者 んー……、私の分も健康で長生きするように見守っているよって感じですかね。応援メッセージだろうな。家内はどんな時だって前向きだからね（モチベーションの回復の兆しが伺えます）。

CM 私はGさんのお気持ちを尊重したいと思います。奥さまとのエピソードもこれから色々と聴かせてほしいとも思っています。Gさんのこれからの新しい生活を、Gさん自身がどのように考えているかも是非教えてほしいです。そしてGさんの思いをどのように実現していくか一緒に考えていきましょう（相手へのリクエストとケアマネジャーの役割をあらためて伝えることで援助関係の絆を強めています）。

利用者 ありがとう、Yさん。まだまだ落ち着くまでは時間がかかるかもしれないけれど、これからもよろしくお願いします。

まとめ

- 利用者はリアルタイムで喪失体験の真っ只中にいる人です。
- 利用者の生育暦や価値観等から喪失体験のダメージを理解し共感します。
- 低下したモチベーションを回復するコミュニケーションの基本は傾聴と承認です。

08 介護者・家族とのかかわり方

> **POINT**
> さまざまな介護負担を抱えた家族の立場を理解するには、決めつけないで、直接、家族に語ってもらうことです。

介護負担の軽減

　ケアマネジメントにおいて、家族など介護者への援助の方向性は、まず、「介護負担の軽減」について考えるのが一般的です。介護負担の領域は、入浴・排泄・食事等のADLやIADLの動作、介護が集中する時間帯、BPSDに対するストレス等があります。

　しかし、さらに一歩進んで、介護者の自立支援を目指すなら「干渉度の少ない」ケアやサービスを実現することです。特に訪問系のサービスは自宅に他人が入ることなので役に立つ反面、介護者が非常に気を遣うことにもなり、早朝や深夜等時間帯によっては新たなストレスの火種になってしまいます。過干渉な介入を避けて、介護者でできる部分はできる限り任せる勇気が必要です。

　また、QOLの向上を意識すれば、「介護者の自由時間」の確保に関して意図的・計画的にかかわることです。以前、全身難病の会に所属する介護者の方が、「我々には全く自由時間がない、自由時間どころか十分な睡眠時間もない」と切に訴えられたことがあります。そして、介護対象者が亡くなる等介護が不要になった時に、安堵感と脱力感で何もしたくない現象に襲われるそうです。中にはその状態が続くと、病気になり寝たきりになる方もいました。介護者の人生を介護だけの人生にしないように支える視点やかかわりが求められます。

介護者と共に

このような介護者に対するコミュニケーションの原則とは一体何でしょうか？それは、介護者に問いかけて、自ら何が介護負担になっているかを直接語ってもらうことです。特に初期のかかわりの段階では、十分な時間をかけて、ねぎらいや承認を惜しみなく取り入れた聴き上手になることが基本です。

その際、気をつけなければならない点は、コミュニケーションが十分に交わされていないのに、介護者が解決できることを、ケアマネジャーが先走って解決しようとしてしまうことです。これでは介護者は十分に語る機会を失うだけでなく、信頼関係の継続も危うくなります。

介護者家族の語る情報とそれまでに得たさまざまな情報から、できることとできないことを判別し、介護者と共に具体的な方向性を見つけていきましょう。

ケアマネジャーと介護者・家族との対話

経験の浅いケアマネジャーとHさん夫妻（夫：84歳、要介護3。妻：80歳、要介護4）の介護者家族（嫁）との面談場面です。介護者家族へのコミュニケーションのかかわり方を見てみましょう。

> **ケアマネジャー**（以下、CM）　家庭内で他に気になっている問題はありますか？
> **嫁**　ありますよ。自分が主人の両親の介護で忙し過ぎて、なかなか主人や子どもたちとかかわる時間が取れていません。一緒に住んでいるのに誰とも話せなくて、一人でおかしくなりそうです。
> **CM**　そうですか、私が担当する他の介護者の方々も同じ問題を持っていますよ。たとえば、朝食の時間帯にご家族と少しだけでも

6 実践編——ケアマネジメントプロセスや援助実践の中での応用——

08 介護者・家族とのかかわり方

	話すことはできませんか？
嫁	それは、私もそう願っていますが結局無理なんです。主人はほぼ毎日早朝から出かけて一緒に食事をすることはありません。子どもたちも早朝勉強会やクラブの朝練に出かけるので、忙しなく屋内を歩きながら食事をしている状態です。
CM	そうですか……、皆さん忙しいんですね。では、ご家族の皆さんが帰って来たタイミングで話すのはいかがですか？
嫁	少しは話すことはできますが、誰も私のことなんか気遣ってくれません。介護するのは嫁の責任で当たり前と思われているようです。そんな調子ですから、私も体力と気力がもたないんです。両親の長い一日の介護に疲れてしまって、ゆっくり話す気持ちにもなりません。
CM	そうですか、なかなか難しいですね。
嫁	そうなんです。難しいことばかりです。

　経験の浅いケアマネジャーは、介護者家族に質問を投げかけてはいるものの、質問というより時期尚早な提案になっています。傾聴で現状を整理するよりも目の前に現れた問題に着目し、それを解決することにとらわれた発展性のないコミュニケーションです。

　傾聴するケアマネジャーは、介護者家族が自ら解決できるように質問を重ねていきます。では、YケアマネジャーとHさんの介護者家族へのかかわりの展開を見てみましょう。

CM	Hさん、家庭内で他に気になっている問題はありますか？（名前を呼ぶというシンプルな承認から始まっています）
嫁	ありますよ。自分が主人の両親の介護で忙し過ぎて、なかなか主人や子どもたちとかかわる時間が取れていません。一緒に住んでいるのに誰とも話せなくて、一人でおかしくなりそうです。
CM	そうですか、要介護のご両親を一人で介護するのは相当大変ですよね。Hさん、本当によく頑張ってこられましたね。ご両親やご家族

　　　　も言葉には出さないかもしれませんが、きっとありがたく思っていることでしょう（言葉に乗っている怒りや苦しみの気持ちを汲み取って、最大のねぎらいをしています）。

嫁　　そう言っていただけると救われます。

CM　　ご家族とかかわる時間が取れないと感じるのはどのような時ですか？（具体的な状況を早合点しないで質問で引き出すようにしています）

嫁　　そうですね。朝食もそうですが、特に夕食です。家族全員が揃って食べることが両親の介護が始まってからほとんどないんですよ。毎月家族で外食をしていたんですが、それも無くなってしまいました。

CM　　それは、残念ですね。……ご家族とのコミュニケーションが以前より確実に希薄になっていますね。ご家族との時間が十分取れないことで、Hさんはどのような影響を受けているのですか？（感情や情報を受け取って承認し、状況を整理しています。さらに本音を引き出す質問を重ねています）

嫁　　そうですね……、本音を伝えて良いですか。こんなことを言ってはならないことは重々承知の上ですが、Yさんなら聴いてもらえますよね。

CM　　もちろんです。思い切って吐き出してください（相手の背中を押すような返答をしています）。

嫁　　……実は、両親が私たち家族を引き離していると思っています。正直、親さえいなければって。悪い嫁ですね……。家族にはくれぐれも内緒にしてくださいね。

CM　　誰にも言えないような本心を伝えてくれて嬉しいです、Hさん。今の言葉はHさんと私の間に留めておきますからご安心ください。今の話でしたら、家族との時間が取れない原因は、まさにご両親にあ

るということですね。わかりました。それでは、他にも原因があるとしたらそれは何だと思いますか？（不安を取り除きながら、感情や情報を受け取って承認し、状況を整理しています。さらに視点を変えた質問を重ねています）

嫁　何でしょうか……。それがわかればいいんですけどね。

CM　では、質問を変えていいですか？　百歩譲って、いや千歩譲って、もしHさん自身に僅かでも原因があるとしたら、それは何だと思いますか？（相手の立場を考慮した前置きをし、さらに直接的な質問を投げかけています）

嫁　はぁー、私ですか。それは考えもしなかったです。……私ね。もしかしたら、ずれているかもしれませんが……。

CM　いいですよ、Hさんが思うままを言ってください（相手が話しやすいような促しをしています）。

嫁　わかりました。私に全く余裕がなかったので、周りの都合をあまり気にしていませんでした。自分の怒りやつらさ、イライラ感なんかを遠慮なく家族にぶつけていたと思うんです。相手の気持ちも考えずに毎日愚痴ばかりを言っていました。……そんな不機嫌な私なら、家族が遠ざかるのも無理はないですね。私が原因だったのかもしれませんね……。うん、きっとそうです。

ケアマネジャーの傾聴と承認を通して、介護者家族としての立場や葛藤、本音、自分自身が家族に与えている影響等の話の内容が展開し、介護者家族の抱える問題の現状を一緒に整理しています。また、立場を変えた質問で介護者家族の視点が変わり、新たな気づきが起こっています。ケアマネジャーのコミュニケーション力次第で、介護者家族による問題解決のきっかけや力を引き出すことができます。

> **まとめ**
> - ケアマネジメントにおける介護者への援助の方向性は介護負担の軽減です。
> - 本当の介護負担は何か介護者に十分に語ってもらえる機会を作りましょう。
> - 時期尚早な提案を避け、介護者が自ら解決できるように支援します。
> - 視点を変える質問、丁寧な傾聴や承認が介護者に癒しや気づきをもたらします。
> - 介護者ができることとできないことを判別し、具体的な方向性を探りましょう。

09 職場の上司・同僚・部下とのかかわり方

> **POINT**
> 上手くいくホウレンソウの基本法則をマスターしましょう。

職場を活性化するホウレンソウ

　職場内でのコミュニケーションを活発にするための基本法則は、「ホウレンソウ（報告・連絡・相談）」の徹底です。この仕事は一人では完遂できません。周囲と協力しながら進めていくものなので、報告や連絡がどうしても必要です。経験の浅いケアマネジャーの知識・経験だけでは判断できないケースもあり、上司である管理者や主任介護支援専門員等への相談が求められます。

　適切な目的やうまくいく方法で行うホウレンソウが徹底できると、管理者が意思決定し、部下を指導し、適切な助言や指示を出せる状況を生み出すことにつながります。また、ホウレンソウを徹底したコミュニケーションは、現状をしっかり伝え、その情報を確実に相手に理解してもらうことで、お互いの勘違いや思い違いをなくすことを目指します。どちらが正しいかといった関係性のわだかまりがなくなると、ロスタイムが減り、組織やチームの生産性が一段とアップするからです。

　図表6-10はホウレンソウのない事業所の特徴を、図6-11にホウレンソウのある事業所の特徴をまとめています。

図表6-10 ホウレンソウのない事業所の典型的な特徴

- □上司である管理者と部下であるケアマネジャーの上下の意思疎通がうまくいかない。
- □スタッフ間の横の意思疎通もうまくいかない。
- □仕事の効率が悪くなり、残業が多くなる。
- □トラブルや苦情が続出する可能性が高くなる。
- □事業所の業績は次第に悪化する。
- □事業所全体に活力がなくなる。
- □仕事へのモチベーションが下がる。
- □不平不満や陰口悪口がスタッフの間で横行する。
- □ケアマネジャーが定着しない。

図表6-11 ホウレンソウが徹底されている事業所の典型的な特徴

- □上司である管理者と部下であるケアマネジャーのコミュニケーションが密になる。
- □上司や同僚、部下などスタッフ間の意思の疎通もうまく進む。
- □相談しあうことで新たなアイディアが生まれる。
- □悩み事が速やかに解決できる。
- □活力が事業所内に循環する。
- □どのような仕事も正確にスムーズに運べるようになる。
- □ミスやトラブルを未然に防ぐことができる。
- □お互いを承認し、感謝し合うコミュニケーションが生まれる。
- □仕事の効率がアップする。

報告のコツ

　報告とは、上司からの指示や命令に対して、部下が経過や結果を知らせることです。報告をするのは、部下から上司へ、もしくは後輩から先輩へという流れが一般的です。

　報告の目的は、現状を正確に認知してもらうことです。報告が重要な理由は、リーダーが正しい方向へ舵取りするために、現状をタイムリーかつ正確に知る必要があるからです。

　報告の内容は、今どのような状況か、過去から現在に至る経緯とその結果、次に向かうべき方向性、そして自分の考えや意志を伝えることです。

　そして報告のコツは、結論から理由の順番で話すことです。また、事実を簡潔に話すことも大事です。そして時系列でその事実関係を伝えると相手にわかりやすく伝わります。

ケアマネジャー（以下、**CM**）　ご多忙のところすみません。今3分間だけお時間をいただきたいのですがよろしいですか？（突然管理者に駆け寄って報告を始めるのではなく、相手の都合を確認した上で話を始めるのがコミュニケーションの基本です。終わりの時間を決めてお願いすると相手も受け入れやすくなります）

管理者　何でしょう？　Yさん。

CM　先日の事例検討会についての報告です。大丈夫でしょうか？（報告の趣旨を冒頭で伝えると相手にスイッチが入ります）

管理者　もちろん、大丈夫ですよ。聴かせてくれますか。

CM　結論から言うと、おかげさまでバラバラだったケアチーム全体の方向性を統一することができました（「おかげさまで」や「残念ながら」といったクッション言葉で切り出すと、報告を受ける側はおおよその内容をすぐに把握できます。結論や成果から述べるのは鉄則です）。

管理者　それは良かった。

CM　利用者から「自分の意見が通らないのはなぜか」というつぶやきから始まったこの案件ですが、介護者家族と利用者本人で意見が違う

のをサービス事業者が正確に認識していなかったのがその原因です。今回の会議で相違点を整理した上で、改めて援助の方向性やルールを確

認することができました。会議終了時からは情報の共有化が図られて改善しています（結論から理由の順番で事実を簡潔に話しています）。

管理者 結局はコミュニケーションの行き違いだったということだね。早い決断と行動で改善して何よりでした。ご苦労さまでした。

CM ありがとうございます。これは今回の詳細をまとめた報告書です。どうぞご一読ください（報告書を提出する際には、「ご覧ください」や「目を通して頂きたい」といった敬語を使って用件を述べるのが効果的です）。

連絡のコツ

　連絡とは、簡単な情報を関係者に知らせることです。上司や部下等の立場は全く関係なく、誰もが発信する側にもなり、受信する側にもなります。連絡の方法は対面だけではなく、電話やFAX、電子メールや回覧板など多種多様です。

　連絡の目的は、事実の周知です。

　連絡の内容は、ありのままの事実をそのまま関係者に知らせます。

　そして、連絡のコツは、周知したい事実に自分の個人的見解や解釈、憶測を加えないことです。あとは報告と同じで、結論から理由の順番で話し、事実を時系列で簡潔に伝えることです。

CM おはようございます、Yです。出社が1時間前後遅れるかと思います。台風の影響で電車のダイヤが乱れ、1時間ほど遅延しているのが理由です（電話のやり取りです。個人的な意見や言い訳を入れないで、遅刻すると

同僚	いう情報を結論から簡潔に伝えています）。わかりました。仕事のほうは遅れても支障はないですか？
CM	特に問題はないかと思います。午前中は事務的な仕事だけで、訪問や会議等のアポイントはありません（結論から述べて、事実の周知を図っています）。
同僚	特にYさんのフォローは必要ないですね。
CM	そうですね。ただ、利用者や関係機関から電話連絡があるかもしれませんので、遅れて返事をする旨、出勤しているケアマネジャーでの対応をお願いします（リスクに対する自分の意見と要望を簡潔に伝えています。これは連絡の対話ではなく同僚に対するリクエストです）。
同僚	了解です。足元が良くないので、気をつけて来てください。
CM	ありがとうございます。ご迷惑をおかけします。

相談のコツ

　相談とは、判断に迷う時に、上司や先輩、同僚等に参考となる意見を聴き、アドバイスをもらうことです。経験が少なく知識も浅いと、自分が持つ判断材料だけでは容易に決断できないことがあります。足りない要素を補うために、経験豊富で知識の量も深い人に相談をします。

　相談の目的は、決断しかねている状況において、判断材料を増やすことです。

　相談の内容は、まずは何に迷っているのか、何を決断するのか、正確な事実を相談相手に伝えます。そして、どの選択肢を選ぶかについて今の自分の考えを述べます。最終的に、相談後いつどのように決断するつもりか、その予定も伝えます。

　相談のコツは、事前に相談内容と自分なりの考えをまとめておくことです。今

までの経緯や必要な情報を忘れないように整理して、適格なアドバイスをもらえる備えをします。誤った情報や不都合な事実を意図的に隠ぺいした情報を伝えてしまうと、役に立つアドバイスを受けるのは難しくなります。自分が犯した小さなミスも隠し事は一切してはなりません。素直な姿勢で臨みましょう。

CM	今お時間よろしいですか？（相手の都合を確認しています）
管理者	どうしましたか？
CM	私の資格取得の件でご相談したいことがあるのですが……（相談内容のテーマを簡潔に伝えています）。
管理者	どんな相談かな？
CM	主任介護支援専門員資格を取得するかどうかで悩んでいます。ケアマネジャーとしてちょうど5年が経過し、今年度、研修受講資格が発生します。自分としては受けるべきだと思っているのですが……（悩んでいる内容を簡潔に説明しています）。
管理者	迷う理由はどこにあるの？
CM	それは……。自分はまだまだ未熟で他人を指導するような器になっていないので、資格を持つことが早いのではないかと考えています（悩みの原因を挙げています）。
管理者	他の理由は？
CM	他には、主任介護支援専門員である上司や先輩を見ていると、仕事の量が増えさらに忙しくなり、自分のプライベートな時間が減ってしまうのではないかと危惧しています（考えられる悩みの原因を他にも挙げることでオートクラインが起こっています）。
管理者	そんな風に見えていたのだね。他にはある？
CM	こんなことを伝えていいのか、ちょっと言いにくいのですが……、正直に伝えますと、記録等の仕事が滞りがちで、長い研修で業務から抜けてしまうと、今以上に未完了の仕事が溜まっていくのでないかという不安が大きいんです。研修に時間をかけるのがもったいない感覚になってしまいます（管理者が根気よく傾聴しているので本当の理由が引き出されています。自分に不利益な内容でも包み隠さず率直に語ってい

9 職場の上司・同僚・部下とのかかわり方

6 実践編―ケアマネジメントプロセスや援助実践の中での応用―

管理者　なるほどなぁ。自分の評価が低くなってしまうかもしれない不利益な情報だったのに、正直に本音を伝えてくれてありがとう。Yさんは、記録や事務処理の仕事が時間内にきちんとできるなら、研修には問題なく参加できるということだよね。
CM　今思うとそういうことですね（問題の核心に気づきが生まれています）。
管理者　では、事務的な仕事の領域の効率化を一緒に考えていきましょう。

ちょっと言いにくいのですが正直に伝えますと

まとめ

- 「ホウレンソウ」は、チーム内の強力なコミュニケーションツールです。
- 報告のコツは、結論から理由の順番で、事実を時系列で簡潔に話すことです。
- 連絡のコツは、周知したい事実に自分の個人的見解や解釈を加えないことです。
- 相談のコツは、事前に相談内容と自分なりの考えをまとめ、素直な姿勢で臨むことです。

COLUMN 6 やりたいをやるに変える人生

実践編―ケアマネジメントプロセスや援助実践の中での応用―

「もう歳だから」「自分がいる環境は変わりそうにないから」「時間がないから」「これをしてからでないと前に進めないから」「お金がないから」「今忙しいから」等の言葉は、できない理由ややらない言い訳の代表例です。人生のライフサイクルの中では、環境やタイミングが整っていないために、確かに何かをしたくても始められない時があります。

しかし、人は自分が価値を置いたものには、どんな状況でもそれを手に入れるために自ら行動を起こすものです。つまり、優先順位を上げることで解決します。

例えば、1億円をあげるから生命を保証できない危険な場所に置かれたダイヤモンドを取りに行くかと問われても、多くの人はチャレンジしません。しかし、我が子がその危険な場所にいて助けを求めている場合には、危険を顧みずに助けに行きます。

私の場合、締切の迫ったレポートを書くためにテキストを読まなくてはいけないと焦っている時でさえ、入浴後のスキンケア、メイク、大切な家族や仲間と過ごす時間だけは絶対欠かすことはありません。結局人はしたいことをするためのマネジメントをしています。

本当にやりたい何かを始める時には、私は最初に「しないこと」を決めます。無用なネットサーフィンを止める、通勤の移動時間に電車でボーっとしている瞬間をなくす等の工夫ができます。さらに、多くのことをやり遂げるコツの一つは、100点主義でなく60点で合格にすることです。完璧を求めることは次の行動を起こせなくするからです。私がこの手法や考え方を会得するのには数年の歳月がかかりました。

ある時、私の敬愛するプロコーチから「山田さん、あなた楽しんでいる?」「あなたが楽しまなきゃ」とコメントしてくれました。「そう、楽しむことだ。人生は今から! ここから!!」。やりたいをやるに変える人生が、まばゆいくらいの輝きを自分に与えてくれます。

（山田友紀）

10 地域の多職種とのかかわり方

> **POINT**
> 地域の多職種とのかかわりでは、まず情報を集めるコミュニケーション技術が重要です。
> 他の専門職に尋ねるべきタイミングや項目を事前に整理しておくことが賢明です。

積極的にかかわっていく

　ケアマネジメント実践では、他の専門職からの評価や意見を求めることは必須の活動です。利用者の生活課題を明らかにするために、ケアマネジャーは常にアセスメントしなければならないからです。そのためには、どの専門職から、どのような内容の情報を、どの程度聴き出すかを知る必要があります。併せて、何が知りたいかを相手にはっきり伝えられるコミュニケーション力も求められます。

　しかし、相手の多職種は連携の必要性を感じていないかもしれません。各専門職は連携がなくとも仕事が完結してしまうからです。そのような相手から必要な情報を手に入れるためには、ケアマネジャー側が努力し、相手の都合の良いタイミングで実施しなければなりません。下手をすると気まずい思いをするだけでなく、ケアマネジャーの信用を失墜させることにもなります。

　例えば、外来診察中の時間に主治医に電話連絡をしたら、「こんな忙しい時間にかけられても対応できない」と断られることがあります。お昼の12時過ぎにアポイントなしに訪問介護事業所を訪れたらサービス提供責任者や担当ヘルパーが全員不在で会えなかったということもあります。

　多職種とのアクセスを良くするためには、診療所や事業所の事務員等を介して連絡を取るのも一つの方法です。また、相手のタイミングの良い曜日や時間帯を調べて、事前に連絡する方法を決めておくのもコンタクトが取りやすくなるで

しょう。

医師の場合には、前もって承諾を得て、利用者と受診同行するのも情報収集に効果的です。また、訪問看護師や訪問介護等のサービス提供責任者等との連携は、サービス訪問時に合わせて利用者の自宅で面談をすることもできます。これも利用者や連携先に事前に承諾がいります。

ケアマネジャーと医師との対話

Iさん（65歳、男性、要介護2）の件で、Yケアマネジャーと主治医であるS医師との面談場面です。医師には身体的な病気に関する最近の状況を、短い質問で単刀直入に尋ねることが基本です。医師への具体的なコミュニケーションのかかわり方を見てみましょう。

ケアマネジャー（以下、**CM**） S先生、今日はお忙しい診察の最中にお時間を作っていただきありがとうございます。Iさんの病状の件でお尋ねしたいことがありますが、いくつか質問をさせていただいてよろしいですか？（医師に物怖じすることなく、医師から教えを請う姿勢で、訪問の目的を簡潔に説明しています）

医師 Yさん、こちらこそお願いします。

CM 早速ですが、最近のIさんの病状は安定した状態ですか？（回りくどいことは一切口に触れず、病状に関する質問をストレートに尋ねています）

医師 不整脈は見られませんが、血圧のほうは少し高めで不安定な状態ですね。

CM 治療はどのような内容で進めておられるのでしょうか？（治療方針や治療内容に関して質問を通して明確にしています）

医師 主に投薬でのコントロールです。薬を処方通りきちんと飲んでくれ

	れば落ち着くはずですが……。
CM	日常生活の中で服薬管理の徹底が必要ですね。服薬以外の生活指導で指示しておられることはありますか?(指示されている生活指導の内容を確認しています。生活指導の徹底は生活の領域であり、医療現場ではなく介護支援の中で実践するものです)
医師	生活習慣の乱れが心臓を悪くしますからね。Iさんの場合は、これ以上肥満にならないよう食べ過ぎに気をつけなければなりません。特に早食いは食べ過ぎにつながります。1回の食事に30分以上かけてよく噛むように指導しています。
CM	わかりました。年齢が若いせいもあって、Iさんは食欲旺盛ですよね。ついつい食べ過ぎるようで……。食生活における工夫や改善がいりますね。それと、S先生、訪問看護など専門的な観察や指導の必要性はありますか?(定期受診以外のサービス導入の必要を尋ねています)
医師	訪問看護の導入はまだ様子を見ましょう。今のところは初期の段階ですし、自己管理ができるように環境を整える時期だと思います。
CM	はい。わかりました。その他にIさんが特に気をつけることがあれば教えてください(全般的な注意点を確認しています)。
医師	特にはありません。薬と食事の調整がやはり大切ですから、生活の中で確実に実行できるような支援をお願いします。体調が急変しましたら、いつでも連絡してくださって結構です。
CM	ケアプランに反映させて、Iさんはもちろん、ご家族の方にも協力してもらえるような調整をします。S先生、今日はありがとうございました。これで失礼します(必要な情報を入手できたら長居しないで、短時間で用件がすむような配慮が感じられます)。

ケアマネジャーと歯科医師との対話

　Jさん（90歳、女性、要介護5）の件で、Yケアマネジャーと主治医であるT歯科医師との面談場面です。歯科医師や歯科衛生士には歯と口腔ケアに関する最近の状況を、やはり率直に尋ねることが基本です。歯科医師への具体的なコミュニケーションのかかわり方を見てみましょう。

CM　T先生、いつもお世話になっています。Jさんの歯科訪問診療中にお邪魔してしまい申し訳ありません。助かります。多忙な中、お時間をいただき感謝です。

歯科医師　Jさんのご自宅でお話しできると私どもも助かります。

CM　それでは、よろしくお願いします。Jさんの歯や口腔についてお伺いしたいのですが、どのような問題点がありますか？（現在の義歯や口腔内等の問題点について質問しています）

歯科医師　Jさんは幸いご自分の歯が23本残っているので、これ以上歯が抜けてしまわないように継続したアプローチが必要です。特に歯周病を放置すると、病気が進行して歯茎や骨を壊してしまい、結果として歯を失うことにつながります。食生活や社会生活等に支障をきたし必要な栄養が取れなくなります。また誤嚥性肺炎になると全身の健康にも影響を与えるので要注意です。

CM　歯科治療を行う必要はありますか？（治療の必要性について尋ねています）

歯科医師　Jさんは歯周病を患っているので継続した治療が必要です。高齢者の口腔内で起きている問題はいっぱいあります。口腔内の衛生状態を改善し、口腔内に起因する全身疾患の予防に努めなければなりませんね。

CM　歯周病ということは、口腔内の衛生状態をよく保つことが治療上大

事ですね（治療における重要なポイントを明確にしています）。

歯科医師 高齢になると、ご自身で歯磨きが思うようにできないものですが、それでもJさんは90歳になるまでご自身で歯磨きを毎日されていたようです。大変立派なことです。

CM 歯磨きや口腔清拭などの口腔ケアに指導すべきことはありますか？（口腔ケア指導の必要性の有無に関する確認をしています）

歯科医師 脳梗塞を患って利き腕の右手が不自由になってからは、Jさんはご自身で歯磨きを続けることが困難になりました。要介護者の口腔環境は誰かがケアをしない限り、悪くなることはあっても自然に改善することはありません。ご家族の方には正しい歯の磨き方を歯科衛生士から指導しています。

CM 具体的にはどのような内容の指導でしょうか？（口腔ケアの指導内容を具体的に聴いています）

歯科医師 歯茎にあたっても痛くない程度の力で磨くこと。歯ブラシが歯に対して90度になるようにあてること。細かく動かし1本1本丁寧にブラッシングすること。奥歯の溝や歯と歯の間は汚れがたまりやすいので、磨き残しがないように念入りにブラッシングすること。主には以上のような内容です。

CM わかりました。それでは、Jさんには口の運動を行う必要はありますか？（口腔リハビリの必要性について尋ねています）

歯科医師 あります。誤嚥の危険性があるので、食べる前に、食べるために必要な筋肉を動かしたり、刺激を加えたりして、口腔周辺の運動や感覚機能を促すことが必要です。基礎訓練は毎日継続されたほうがいいでしょう。

CM 了解しました。基礎訓練を計画に位置づけます。では、嚥下障害について日常で気をつけることは何ですか？（嚥下障害の状況や対応方法について明確にしています）

歯科医師 あごが上を向いた姿勢は気管が開くため、誤嚥の可能性が高くなります。うつむいて、あごの下に指が3本入るくらいの角度がベス

トです。座って食事をするのが理想ですが、寝たきりのJさんは、ベッドのリクライニングを上げて上半身を起こし、必ず枕などで首の角度を調節してください。

CM 誤嚥を予防するための訓練の必要性はありますか？（嚥下障害に対する訓練の可否に対する意見を確認しています）

歯科医師 先ほど述べた基礎訓練は嚥下訓練になります。嚥下反射を促すために唾液を飲み込む練習を行うのもいいですね。

CM T先生、質問は以上です。支援に必要な情報が確認できました。ありがとうございました。今後ともご指導よろしくお願いします。

ケアマネジャーと理学療法士との対話

Kさん（77歳、男性、要介護2）の老健退所後の在宅生活の件で、Yケアマネジャーと老健理学療法士であるUさんとの面談場面です。理学療法士や作業療法士にはADLや環境整備について最近の状況を確認しましょう。理学療法士への具体的なコミュニケーションのかかわり方を見てみましょう。

CM U先生、今日はよろしくお願いします。Kさんについてお尋ねしたいことがあるのでお時間を取っていただきました。それにしても最新の訓練器具もあり、充実したリハビリ室ですね（面談の目的やアイスブレイクを取り入れた対話です）。

PT そうなんです。この辺りの老健施設の中では、最も進んでいると思います。月末に退所予定のKさんのことですよね。リハビリのことでしたら何でもご質問ください。

CM 早速ですがお聴きしたいことが4点あります。一つ目ですが、今後

	KさんのADLやIADLは現在の状態よりさらに良くなる可能性はあるのでしょうか？（残存機能について意見を求めています）
PT	Kさんの基本動作の回復ぶりは目を見張るものがありました。入所時は、起き上がりの動作が不安定でしたが、現在は立ち上がりから立位が何とかできるまでのレベルに来ています。Kさんは大変真面目で人並み以上の努力をされる方ですので、立位が安定すれば、独歩による歩行までさらに改善する見込みはあるかと思います。もちろん、病気の再発がなく、意欲的な行動が今後も続くことが実現の条件ですよ。
CM	さらに良くなる可能性があるのですね。自宅での生活において、ADLやIADLの現状で指導や助言すべき点はありますか？（ADLやIADLの指導の必要性に関して明確にしようとしています）
PT	Kさんは、それぞれの基本動作のスピードが早く、急いだ動作になりがちです。早く元に戻りたいというお気持ちが強いのかもしれません。頑張りすぎないように助言していますが、この傾向はきっと在宅でも続くだろうと思います。勢いよく転倒して大きなけがにならないか心配です。
CM	Kさんの長所は、ある時は短所になるんですね。本人も周りも気をつけておいたほうがいいですね。次の質問ですが、住宅改修や福祉用具等環境整備の助言があればお願いいたします（環境整備に関する意見を求めています）。
PT	自宅環境ですが、家屋内外の段差や配置などの状況によっては、転倒するリスクがあります。円滑に在宅復帰を実現するためには段差解消や手すりの設置、障害物の除去等の検討が必要かもしれません。将来歩行が可能となった場合には杖やシルバーカー等の福祉用具の活用を検討する必要性も高いです。
CM	明後日に訪問指導の予定ですので、その時に具体的な指導をいただけますか？（自宅での直接的な指導や助言を求めています）
PT	わかりました。Kさんからの聴き取りでは、すでにバリアフリー化

されているようで、KさんのADLの状況から見ても、それほど大きな改修等はないと見込んでいます。

CM 了解しました。それでは最後の質問ですが、在宅では訪問リハビリや通所リハビリ等の必要性はありますか？（リハビリサービスの必要性に関して意見を尋ねています）

PT 日常生活や社会生活の拡大を目指すには、訪問ではなく、通所サービスを活用されることをお勧めします。私共の施設も365日通所リハビリをしていますので、慣れた環境で訓練を続けたいようでしたらぜひご活用ください。リハビリ仲間との再会もあるかもしれませんしね。

CM U先生、大変有意義な情報提供をありがとうございました。今後のリハビリのあり方はKさんとも相談しまして、プランの中で反映させていきます。ご協力ありがとうございました（質問を4つに絞り、ADL上での目標や在宅生活時での留意点等を、短時間で必要な情報を入手しています）。

- 医師には身体的な病気に関する状況を、短い質問で単刀直入に尋ねます。
- 歯科医師や歯科衛生士には歯と口腔ケアについて率直に尋ねます。
- 理学療法士や作業療法士にはADLや環境整備について最近の状況を確認しましょう。

11 PDCAサイクルで内省の習慣を身につける

POINT
常に成長や成果を生み出している
ケアマネジャーの最大の特徴は、
普段から内省を繰り返し行っていることです。

PDCAサイクルの活用

　常に成長や成果を生み出しているケアマネジャーの習慣の一つは、普段からコミュニケーション力の向上を意識して、今ここで起きているコミュニケーションの内省を繰り返し行っています。

　内省は反省とは意味が異なります。反省は、自分の行動や言動の良くなかった点を意識しそれを改めようと心がけることで、その視点はネガティブな部分を中心に注がれています。改めようとする行動とは、短所を克服することです。

　一方、内省は、自らの実践を素直に振り返り、直視し、未来に向けての生産行動につながるような建設的な態度です。その視点はネガティブな点だけに止まらず、ポジティブな部分も含めた包括的統合的な視点です。結果、短所を克服するだけでなく、長所をさらに伸ばすといった行動にも広がります。

　自分の魅力や強みを自覚したケアマネジャーは、自分のコミュニケーション能力開発の方向性が決まります。そしてその長所の強化に集中的に取り組めば、短期間に驚くほどの成長や成果を見ることができます。

　短所を克服するのは並大抵の努力ではできません。しかし、得意なことであれば、一歩だけ前に踏み出すような小さな努力でも、大きく伸ばすことができます。人は短所を克服するより、長所をさらに伸ばすほうが、モチベーションが上がり、ストレスも減るからです。内省は、大きな躍進や効果が期待できます。

11 PDCAサイクルで内省の習慣を身につける

図表6-12 PDCA

plan（計画）	目標を設定し、目標達成のために何をするべきか仮説を立てて、計画することです。何を、誰に対して、なぜ、どのくらいの量で、いつまでに、実施するかなど基本となる5W1Hをさらに詳しく分解して考えます。
do（実行）	仮説を元に、計画通りに実行することです。計画したことを意識し、結果がわかるように、時間を測る、量を数える等の数字を付けることが大切です。
check（評価）	仮説通りの結果が出たかを検証することです。実行した結果の良し悪しを判断します。その時に、結果の数字をつけておくと具体的根拠ができるので検証の正確性が上がります。
act（工夫・改善）	検証の結果、仮説通りなら継続する。仮説と違っていれば、改善する、もしくは新しい計画を作り直すことです。実行した結果、この計画を継続・中止・改善のいずれかをこの段階で考えます。この時に、次のサイクルのplanを意識することが重要です。

　実はこの内省は、PDCAサイクルのCの部分に当たります。つまり、良好なコミュニケーションができるケアマネジャーは、PDCAサイクルを意識的に回し、成長のスパイラルに入っている人と言えます。

　PDCAサイクルはビジネスの世界においてよく使われる言葉ですが、厚生労働省もケアマネジャーの研修体系の中で頻繁に使っています。しかし、言葉は知っていても意味を正しく理解していないケアマネジャーも少なくないかもしれません。また、理解はできても実践的な使い方に慣れていない人もいることでしょう。

　PDCAサイクルとは、計画から見直しまでを一貫して行い、さらにそれを次の計画や事業に活用する考え方のプロセスです。

　具体的には、plan（計画）⇒do（実行）⇒check（評価）⇒act（工夫・改善）の4段階を繰り返すことで、業績向上や管理業務を円滑に進める有効な手法の一つです。ケアマネジャーのコミュニケーション能力の開発だけでなく、ケアマネジメント実践や事業所が定めた業務目標の実現にも応用できます（図表6-12）。

CAを回そう

　ケアマネジャーのコミュニケーション能力開発の目標は、PDCAサイクルを通して取り組むことが可能です。これを事業所内の会議やスーパービジョンの中で取り入れることで、成功のスパイラルを体験することができます。

　とはいえ、誰でも簡単にできるものではありません。plan（計画）やdo（実行）はできても、check（評価）やact（工夫・改善）が十分に機能していないからです。これは、check（評価）する仕組みがないことに起因しています。当然act（工夫・改善）にもつながりません。残念ながら、PDCAサイクルは、実際はPDサイクルになってしまうようです。

　CAが回れば、次のplan（計画）はより精度の高いものになるでしょう。失敗をしたらなぜ失敗したのかcheck（評価）とact（工夫・改善）を通して議論すれば、いずれ成功体験も生まれてくるでしょう。PDサイクルのままでは、いつまで経っても大きな成長や成果は望めません。コミュニケーション能力に対して内省することはcheck（評価）することと同様ですから、まさにCAを回す鍵になります。

　実践の中に役立つ代表的な理論を取り入れて、理論と実践を結びつけることで、真のケアマネジャーが誕生します。利用者やサービス担当者等の間で、表面的な薄い関係性の中だけでの実践では、自立支援やQOLの向上を目指す対人援助のプロにはなれません。国民が求めるケアマネジメント実践には、高いコミュニケーション能力は不可欠です。コミュニケーションする相手との今ここでのかかわりを思い存分拓いていきましょう。

・内省は、自らの実践を振り返り、未来に向けての生産行動につながる建設的な態度です。
・内省の習慣を身につけコミュニケーション能力を高めていくために、PDCAサイクルをしっかりと回していきましょう。

参考文献

①眞辺一範「コーチングスキルを活用したケアマネジメント」『達人ケアマネ』2015年6・7月号より2016年6・7月号までの連載
②眞辺一範「自立したケマネジャーを育てる指導法」『達人ケアマネ』2016年10・11月号より2018年2・3月号までの連載
③京都府介護支援専門員会編『主任介護支援専門員ハンドブック―ステップアップのための育成・実践ツール』中央法規出版、2012年
④浅野仁監・浅野ゼミナール福祉研究会編『福祉実践の未来を拓く―実践現場からの提言』中央法規出版、2008年
⑤渡部律子『基礎から学ぶ気づきの事例検討会―スーパーバイザーがいなくても実践力は高められる』中央法規出版、2007年
⑥渡部律子『高齢者援助における相談面接の理論と実際 第2版』医歯薬出版、2011年
⑦荒川義子『スーパービジョンの実際―現場におけるその展開のプロセス』川島書店、1991年
⑧武田建・荒川義子『臨床ケースワーク―クライエント援助の理論と方法』川島書店、1986年
⑨武田建『カウンセラー入門―多角的アプローチ』誠信書房、1984年
⑩武田建『コーチング―人を育てる心理学』誠信書房、1985年
⑪伊藤守『この気もち伝えたい』ディスカヴァー・トゥエンティワン、2002年
⑫伊藤守『コミュニケーション100の法則』ディスカヴァー・トゥエンティワン、1994年
⑬伊藤守『コミュニケーションはキャッチボール』ディスカヴァー・トゥエンティワン、2004年
⑭伊藤守『コーチングマネジメント―人と組織のハイパフォーマンスをつくる』ディスカヴァー・トゥエンティワン、2002年
⑮鈴木義幸『コーチングの基本―この1冊ですべてわかる』日本実業出版社、2009年
⑯鈴木義幸『図解コーチングスキル』ディスカヴァー・トゥエンティワン、2005年
⑰鈴木義幸『図解コーチング流タイプ分けを知ってアプローチするとうまくいく』ディスカヴァー・トゥエンティワン、2006年
⑱鈴木義幸『熱いビジネスチームをつくる4つのタイプ―コーチングから生まれた』ディスカヴァー・トゥエンティワン、2002年
⑲（株）コーチ・エィ『コーチ・エィ アカデミア』マニュアル
⑳『Hello, Coaching!』(https://coach.co.jp/)
㉑辻一郎『コーチングを活用した介護予防ケアマネジメント』中央法規出版、2009年
㉒ジョン・ウィットモア『はじめのコーチング―本物の「やる気」を引き出すコミュニケーションスキル』ソフトバンクパブリッシング、2003年
㉓ケネス・J・ガーゲン、ロネ・ヒエストゥッド『ダイアローグ・マネジメント―対話が生み出す強い組織』ディスカヴァー・トゥエンティワン、2015年
㉔斎藤孝『コミュニケーション力』岩波新書、2004年
㉕藤巻幸夫『特別講義コミュニケーション学』実業之日本社、2010年
㉖マジョリー・F. ヴァーガス『非言語（ノンバーバル）コミュニケーション』新潮選書、1987年
㉗岩本茂樹『自分を知るための社会学入門』中央公論新社、2015年

㉘岡野雅雄『わかりやすいコミュニケーション学―基礎から応用まで』三和書房、2004年
㉙諏訪茂樹、大谷佳子『利用者とうまくかかわるコミュニケーションの基本（おはよう21ブックス―基礎から学ぶ介護シリーズ）』中央法規出版、2007年
㉚大谷佳子『対人援助の現場で使える 聴く・伝える・共感する技術 便利帖（現場で使える便利帖）』翔泳社、2017年
㉛絹川友梨『インプロゲーム―身体表現の即興ワークショップ』晩成書房、2002年
㉜スティーブン・R. コヴィー『7つの習慣―成功には原則があった!』キングベアー出版、1996年
㉝小山昇『改訂3版 仕事ができる人の心得』CCCメディアハウス、2017年
㉞矢島茂人『会社は「環境整備」で9割変わる!』あさ出版、2010年

著者紹介

眞辺一範
まなべ・かずのり

株式会社ふくなかまジャパン代表取締役

1962年、神戸市出身。大学在学中に父の介護や看取りを経験し、福祉の仕事に興味を持つ。卒業後、兵庫県下の医療機関に就職。MSWやケアマネジャーとして現場に従事する中で、後進育成の必要性を実感する。その後、京都市内の高齢者施設で施設長などの経験を積むと同時に、人材育成のためのスーパービジョン技術の習得にも努めた。また、大学院博士課程研究員として社会福祉の研究や教育活動にも携わり、京阪神間の大学等で非常勤講師も兼務中。2016年4月に京都市山科区において株式会社ふくなかまジャパンを設立。現在は介護保険事業と人材育成事業等を手がけている。プロのコーチであり、プロのスーパーバイザー。眞辺塾*にて後進の指導にあたっている。資格は、主任介護支援専門員、(一財)生涯学習開発財団認定プロフェッショナルコーチ、国際コーチ連盟アソシエイト認定コーチ等。

事例提供・コラム執筆

山田友紀
やまだ・ゆき

株式会社ふくなかまジャパン取締役

短大で介護福祉士を取得し、卒業後、大阪府下の特別養護老人ホーム、デイサービスセンター、訪問介護事業所等で主に相談業務に従事。介護支援専門員を取得後は居宅介護支援事業所に勤め、2016年4月には株式会社ふくなかまジャパン取締役に就任し、2017年7月からは、ふくなかま居宅介護支援センター管理者に着任。明るく華やかな中にも繊細な心遣いのあるコミュニケーションが魅力。それでいて決断や行動が早く問題解決志向の対話もできる。趣味は、シュノーケルや津軽三味線。

＊眞辺塾
眞辺一範氏がスーパーバイザーを務めるグループスーパービジョンは、ゼミナール形式を採用しており、通称「眞辺塾」と呼ばれ、眞辺氏を師事する2、3名の発起人が事務局となって主催し、自分たちで開催要項を作成、スーパーバイジーを募集して運営している点に特徴がある。

だいじをギュッと！
ケアマネ実践力シリーズ

コミュニケーション技術
聴く力と伝える力を磨くコツ

2018年8月1日　初版発行
2019年8月1日　初版第2刷発行

著　者　　眞辺一範
発行者　　荘村明彦
発行所　　中央法規出版株式会社
　　　　　〒110-0016
　　　　　東京都台東区台東3-29-1 中央法規ビル
　　　　　営　業　TEL 03-3834-5817
　　　　　　　　　FAX 03-3837-8037
　　　　　書店窓口　TEL 03-3834-5815
　　　　　　　　　FAX 03-3837-8035
　　　　　編　集　TEL 03-3834-5812
　　　　　　　　　FAX 03-3837-8032
　　　　　https://www.chuohoki.co.jp/

装幀・本文デザイン　　　　相馬敬徳（Rafters）
装幀・本文イラスト　　　　三木謙次
本文イラスト　　　　　　　坂木浩子
DTP　　株式会社ジャパンマテリアル
印刷・製本　新津印刷株式会社
ISBN 978-4-8058-5727-4

定価はカバーに表示してあります。落丁・乱丁本はお取り替えいたします。
本書のコピー、スキャン、デジタル化等の無断複製は、
著作権法上の例外を除き禁じられています。
また、本書を代行業者等の第三者に依頼してコピー、スキャン、
デジタル化することは、たとえ個人や家庭内での利用であっても
著作権法違反です。